아침이 행복해지는 책

김옥림

아침이 행복해지는 책

찍은 날 | 2011년 9월 22일
펴낸 날 | 2011년 9월 25일
　　2쇄 | 2011년 11월 14일
　　3쇄 | 2012년 7월 10일
　　4쇄 | 2013년 10월 17일

지은이 | 김옥림
펴낸이 | 임형오
펴낸곳 | 미래문화사
등록번호 | 제1976-000013호
등록일자 | 1976년 10월 19일
주소 | 서울시 용산구 효창동 5-421 1F
전화 | 02-715-4507 02-713-6647
팩스 | 02-713-4805

전자우편 | mirae715@hanmail.net
홈페이지 | www.miraepub.co.kr
ⓒ 김옥림 2012
ISBN 978-89-7299-397-1-13800

이 책의 판권은 저자와 도서출판 미래문화사에 있습니다.
이 책의 무단 복제를 금합니다.
저자와의 협의로 인지는 생략합니다.
잘못 만들어진 책은 바꾸어 드립니다.

아침이 행복해지는 책

김옥림 에세이

미래문화사

서시

아침햇살 같은 사람

그 사람만 떠올려도
공연히 날아갈 듯 상쾌해지고
마음이 비단결처럼 따뜻해지는
사슴처럼 눈이 맑은 사람

그 사람만 곁에 있어도
마냥 행복해 하고
하나도 지루하지 않은
풋풋한 미소를 머금은 사람

그 사람만 생각하면
언제까지나 함께 있고 싶어
마음이 들뜨고
늘 처음 본 듯 호감을 주는
부드럽고 속이 넉넉한 사람

그 사람만 가슴에 담고 있어도
부자가 된 듯 여유롭고
생애에 의미가 되어주는
꿋꿋한 소나무처럼 의연한 사람

그 사람만 보고 있어도
왠지 착하게 살고 싶고
그 어떤 시련이 닥쳐와도 두렵지 않은
용기와 꿈을 주는
아침햇살처럼 맑은 사람

우리는 서로에게
아침햇살 같은 사람이 되어야 하리니
너와 나와 우리가 하나 될 때
삶은 진정 따뜻하다

| 차례 |

004_ 서시 아침햇살 같은 사람

Part of n. ONE
인생의 1/2
영혼이 깨끗한 사랑

012_ 하나 소중한 사람
016_ 둘 진행형인 사랑
020_ 셋 아낌없는 사랑
024_ 넷 사랑을 품고 사는 행복
028_ 다섯 겨울 강가
034_ 여섯 사랑의 절제
038_ 일곱 인색한 사랑
042_ 여덟 책임감
046_ 아홉 사랑의 계산법
050_ 열 위대한 사랑
056_ 열하나 사랑의 쉼터
060_ 열둘 이기적인 사랑
064_ 열셋 질투
066_ 열넷 사랑의 힘
070_ 열다섯 사랑한다는 말
074_ 열여섯 꼭 필요한 사랑
078_ 열일곱 관심두기
082_ 열여덟 잃어버린 사랑
086_ 열아홉 사랑은 즐거운 것
088_ 스물 꽃이 향기면 사람은 사랑이다

Part of n. TWO
나머지 1/2
오늘을 사는 행복

092_ 스물하나 자족할 줄 아는 행복
094_ 스물둘 불행의 의미
096_ 스물셋 진정한 자유인
100_ 스물넷 꿈을 갖고 사는 인생
104_ 스물다섯 행복의 씨앗
106_ 스물여섯 행복해진다는 것은
110_ 스물일곱 타인을 즐겁게 하기
112_ 스물여덟 마음두기
116_ 스물아홉 행복의 비결
118_ 서른 준비된 행복
120_ 서른하나 참된 행복
124_ 서른둘 마음을 넓고 크게 갖자

126_ 서른셋 내가 찾는 행복
128_ 서른넷 가까운 데 있는 행복
130_ 서른다섯 주는 행복
134_ 서른여섯 행복을 찾는 당신에게
138_ 서른일곱 행복에 공짜가 있는가
140_ 서른여덟 도덕적인 행복
142_ 서른아홉 가난의 행복

Part of n. THREE
풍요로운 삶을 위한
마음의 숲길

148_ 마흔 결과를 미리 아는 삶
150_ 마흔하나 사람답게 사는 하루
152_ 마흔둘 질서의 미
156_ 마흔셋 살아간다는 것은
160_ 마흔넷 기본적인 본분
162_ 마흔다섯 현명한 읽기
164_ 마흔여섯 삶의 법칙
166_ 마흔일곱 가지 않는 길
172_ 마흔여덟 자신을 독려하기
174_ 마흔아홉 자신을 돌아보라
176_ 쉰 긍정하기
178_ 쉰하나 소중한 만남을 위하여

182_ 쉰둘 기도하는 마음
184_ 쉰셋 위기를 극복하다
188_ 쉰넷 자신에게 진실하라
190_ 쉰다섯 즐거운 인생
192_ 쉰여섯 때를 기다리는 마음

Part of n. FOUR
사색을 길러주는
수정같이 맑은 지혜

196_ 쉰일곱 사색의 숲길에서
200_ 쉰여덟 오늘
202_ 쉰아홉 강이 아름다운 이유
204_ 예순 환상의 노예
206_ 예순하나 멀리 보는 눈이 아름답다
208_ 예순둘 인간을 이해하는 방법
210_ 예순셋 꽃과 잡초
212_ 예순넷 작은 것을 사랑하기
214_ 예순다섯 부드러운 것이 진정 강하다
218_ 예순여섯 길은 가까운 곳에 있다
220_ 예순일곱 최후의 날
222_ 예순여덟 자신의 거울

224_ 예순아홉 가장 무서운 인간의 적
226_ 일흔 사람의 근본
228_ 일흔하나 사물을 보는 눈
230_ 일흔둘 당신이 위대한 이유
232_ 일흔셋 말을 아낄 줄 아는 사람
234_ 일흔넷 사람의 마음과 대리석

238_ 작가의 말 귀중한 오늘을 살고 밝은 미래에 꿈이 돼라

인생의 1/2
영혼이 깨끗한 사랑

1

소중한 사람

　이 세상 사람들은 누구나 자신이 좋아하는 특별한 사람이나 대상이 있습니다. 그들은 가족이나 친구, 사랑하는 연인일 수도 있습니다. 사람에게 있어 좋아하는 누군가가 있다는 것은 무엇보다 소중하고 기쁜 일입니다.
　나 또한 마찬가지입니다. 내가 사랑하는 가족과 친구, 그리고 나에게 작은 풀잎 같은 은혜라도 베푼 사람들을 보면 그렇게 감사할 수가 없습니다.
　내가 좋아하는 사람들을 보면 그 순간부터 가슴이 뜨거워지고 무슨 말이라도 걸어보고 싶고, 한참을 지켜보고 바라보아도 까닭 없이 그냥 좋습니다. 그들에게는 풀꽃 냄새가 나고, 내 마음은 깨꽃처럼 환해오고 착한 생각이 넘쳐납니다. 그리고 그들과 함께 하는 것이 너무 감사해서 진주처럼 맑은 눈물을 보이게 됩니다.
　이처럼 내가 사랑하는 사람들은 자신에게 있어 꼭 필요한 존재이며 이상입니다. 하지만 삶이 각박해질수록 이런 마음들이 사라지는 것 같아 안타

까움에 몸서리치곤 합니다. 가족과 친구의 소중함도, 배고프고 어려웠던 그 시절보다 그 빛이 바래지는 것만 같아 참으로 마음이 아픕니다. 점점 물질의 노예가 되고 탐욕과 이기심의 바다에 빠져 헤어나질 못하고 있는 사람들이 그저 안타까울 따름입니다.

우리는 무심으로 돌아가야 합니다. 지금 돌아가지 않으면 걷잡을 수 없는 욕망으로 혼돈의 시기에 맞닥뜨리게 될지 모릅니다. 혼돈의 시대가 도래한다면 그 결과는 엄청난 파장을 일으킬 겁니다. 세계사적으로나 역사적 관점으로 볼 때 이러한 예는 얼마든지 있었음을 알 수 있습니다.

욕망은 내 자신은 물론 내가 사랑하는 사람들을 멀어지게 하고 잊게 만듭니다.

내가 사랑하는 사람들을 보면
풀꽃 냄새가 난다, 괜스레
그들을 바라보는 것만으로도
내 마음은 깨꽃처럼 환해오고
그들을 생각하는 것만으로도
내 가슴 부풀어 눈을 감는다

내가 사랑하는 사람들을 보면
진주처럼 맑은 눈물이 난다, 괜스레
그들을 바라보다가 눈길을 멈추어도
즐거워지는 까닭에 떨리는 눈빛이 되어
오래도록 그들로부터 눈길을 뗄 수가 없다

내가 사랑하는 사람들을 보면
살아있는 이 순간이
그렇게도 감사할 수가 없다
이 세상 살아가는 동안
내가 사랑하는 사람들과 만나고
헤어지는 그 짧은 순간에도 그 기쁨을
영원토록 이어가고 싶다
- 〈내가 사랑하는 사람들을 보면〉

 이 시를 쓰며 참 감사함과 행복을 느꼈습니다. 나를 겸손하게 하고 자중하게 만드는 감격은 지금도 가슴을 울립니다.
 내가 사랑하는 사람들은 나의 힘이요, 생명과도 같습니다. 결코 사랑하는 사람들을 잊지 말아야겠습니다. 그들이 있기에 내 자신이 존재하는 것입니다. 그러므로 욕심을 버리고, 서로가 서로에게 사랑하고 사랑받는 사람들이 되어야겠습니다.

진행형인 사랑

사랑의 시점은 언제나 현재이고 현재를 벗어나면 그 의미가 반감합니다. 그래서 사랑은 지금 해야 합니다. 그 대상이 가족이든 친구든 연인이든 현재의 사랑에 충실할 때 그 사랑은 빛이 나고 가치가 있게 되는 것입니다.

만약, 사랑하는 사람이 자신의 곁에서 떠났다고 생각해 보십시오. 하루 하루의 삶이 지옥 같고 눈앞이 캄캄해질 것입니다. 더군다나 사랑하는 사람들이 다시는 돌아오지 못할 먼 길을 떠났다면 그 슬픔의 고통이란 이루 헤아릴 수 없을 만큼 클 것입니다.

사랑하는 이를 잃는 슬픔보다 더 큰 슬픔은 없습니다. 세상의 전부를 잃은 것 같은 사랑의 슬픔을 조금이라도 덜 수 있는 방법은, 사랑하는 사람이 곁에 있을 때 더욱 사랑하고 아껴주는 것입니다. 그것만이 그나마 후회를 덜하게 하는 것이니까 말입니다.

미래에 있어서 사랑이라는 것은 없다.
사랑이란 오직 현재에 있어서의 활동이다.
현재에 있어서 사랑을 보이지 않는 인간은 사랑을 갖고 있지 않다.

이는 러시아의 대문호이자 사상가인 톨스토이가 한 말입니다.

톨스토이는 현재의 사랑만이 중요할 뿐이지, 미래의 사랑은 중요하지 않다고 말합니다. 우리는 현재를 살고 있고, 이 현재를 통해 내일을 향해 나아갑니다. 그런 의미에서 현재의 사랑은 그 무엇보다 중요합니다. 현재의 사랑이 든든하고 충실해야 미래가 밝습니다.

사랑이란, 물을 자주 주고 정성을 들이면 윤기를 내는 싱싱한 화초와도 같아서 사랑하는 대상에게 관심을 집중시키게 만듭니다. 사랑을 주는 사람에게도 화색이 돌고 생기가 납니다. 하지만 관심을 떨어뜨리면 사랑을 주는 이든, 받는 이든 말라비틀어진 풀꽃처럼 생기가 없어 시들어 죽어버립니다. 그러므로 사랑은 현재가 중요한 것입니다.

지금 사랑하십시오.

지금 하는 사랑이 가장 싱싱하고 충만한 행복을 주는 것입니다.

아낌없는 사랑

오늘날 우리 사회는 최첨단 디지털 정보화의 무분별한 남용으로 인해 행복했던 가정이 하루아침에 깨어지는 참상을 쉽게 접하고 있습니다. 날이 갈수록 윤리와 도덕은 땅에 떨어져 구르고 자신이 무엇을 잘못했는지조차 모르는 인격적 장애를 가진 사람들이 늘어가고 있는 현실이 너무 두렵습니다.

사랑하는 사람을 위하여 보다 더 관심을 갖고 그의 아픔까지도 사랑하고 보듬어줄 수 있는 따뜻한 마음이 그 어느 때보다도 절실히 요구되는 시대입니다.

이런 때일수록 좀 더 사랑하는 사람을 위하여 사랑을 살뜰하게 살필 줄 아는 지혜와 정성이 필요합니다.

왜냐하면 사랑이 깨어지면 삶의 정체감이 흔들리게 되고, 내가 왜 사는지에 대한 목적도 사라지게 되기 때문입니다.

사랑보다 더 귀한 보석은 없습니다.
이 세상에 존재하는 그 어떤 보석도 사랑을 대신해줄 수는 없습니다.
사랑은 삶을 이어주고 이어가게 하는 마음의 비타민이며 행복의 스프입니다.

> 나의 밤 기도는
> 길고
> 한 가지 말만 되풀이 한다
>
> 가만히 눈뜨는 건
> 믿을 수 없을 만치의
> 축원,
> 갓 피어난 빛으로만
> 속속들이 채워 넘친 환한 영혼의
> 내 사람아
>
> 쓸쓸히
> 검은 머리 풀고 누워도
> 이적지 못 가져본
> 너그러운 사랑
>
> 너를 위하여 나 살거니
> 소중한 건 무엇이나 너에게 주마
> 이미 준 것은

잊어버리고
못다 준 사랑만을 기억하리라
나의 사람아

눈이 내리는
먼 하늘에
달무리를 보듯 너를 본다

오직 너를 위하여
모든 것에 이름이 있고
기쁨이 있단다
나의 사람아
-김남조, 〈너를 위하여〉

나는 이 시를 참 좋아해서 내 마음에 사랑이 식어가면 불쑥 꺼내 읽곤 합니다. 읽고 나면 황량해진 내 마음엔 어느새 푸른 달빛 같은 너그러움이 번져오고 메말랐던 가슴이 촉촉이 젖어오며 기쁨이 샘솟아 오릅니다. 이 시에서 보여준 절대적인 사랑은 나의 마음을 온전히 매혹시켜 놓았습니다.

너를 위하여 나 살거니/ 소중한 것은 무엇이나 너에게 주마
이미 준 것은/ 잊어버리고
못다 준 사랑만을 기억하리라/ 나의 사람아
-4연

오직 너를 위하여/ 모든 것에 이름이 있고
기쁨이 있단다/ 나의 사람아
-6연

    정말 아름답고 소중한 사랑이 아닐 수 없습니다. 물론 아가페적인 사랑이 보이지만, 사랑하는 사람에 대한 절대적인 사랑은 우리를 감동시키기에 조금도 부족함이 없습니다.
    김남조 시인은 내가 사는 이유를 '너' 때문이라고 했으며, 소중한 것은 무엇이나 너에게 주고 이미 준 것은 잊어버리고, 못다 준 사랑만을 기억하겠다고 했습니다. 아, 얼마나 충만하고 너그러운 사랑입니까.
    이런 사랑을 할 수 있다면 얼마나 좋을까요. 이런 사랑이야말로 최선의 사랑이며 너무나도 절절하게 아름다운 사랑입니다.
    이런 사랑은 누구나 원하지만 자신의 지나친 이기심으로 인해 있던 사랑마저 놓쳐 버리는 경우는 얼마든지 있습니다. 사랑을 배반하는 것은 언제나 탐욕적인 사람이니까요.
    사랑은 아름다운 것이고 사람이 살아가는 이유이자 목적입니다.
    그 사랑을 지키고 간직할 수 있는 사람만이 빛나고 향기로운 삶을 쟁취할 수 있는 것입니다.
    자신과 빛나는 삶과 사랑하는 사람의 행복을 위해서라면 아낌없이 서로를 보듬고 높여주는 사랑을 해야 하겠습니다.

사랑을 품고 사는 행복

▶

별은 사람들에게 꿈을 꾸게 하고, 동화 같은 고운 마음을 가슴 가득 품게 합니다. 그래서 남녀노소, 별을 사랑하나 봅니다. 별은 시와 수필, 소설 등 많은 문학작품의 소재로 널리 사용되고 있으며 그러한 시나 소설은 늘 아련한 감동으로 남아있게 마련입니다.

제가 감동 있게 읽은 작품 중에 알퐁스 도데의 《별》이 있습니다. 프랑스의 아름다운 산악 지대를 배경으로 티 없이 맑고 순결한 주인집 소녀와 그 소녀를 짝사랑하는 목동의 이야기는 정말이지 서정의 극치를 이룹니다.

먹을 것을 마차에 싣고 양들을 방목하는 곳으로 뜻밖에 찾아온 주인집 소녀에게, 가슴 졸여 감격해하는 순박한 목동의 마음은 이 소설의 중심을 이룹니다. 밤하늘에 초롱초롱 박힌 별을 보며 잠든 주인집 소녀에 대한 목동의 지순한 사랑은 저에게 숨 막히는 감동을 선물했습니다. 소설을 읽는 내내 마치 내가 소설 속의 주인공이라도 된 것 같은 착각이 들 정도였으니까요.

  지금도 그 기억이 새록새록 내 마음을 타고 물결쳐 흐르곤 합니다.

  밤하늘에서 빛을 뿜어대고 있는 별을 바라보면 그 순간만큼은 행복한 어린왕자가 되는 상상에 젖습니다. 그 별을 보고 있으면 무욕의 마음에 사로잡혀 그 어떤 것도 탐하는 마음이 사라집니다. 그래서 저는 별을 참 좋아합니다.

  제 시의 소재에는 별이 많습니다. 그런데도 별은 바라보는 각도에 따라, 마음의 느낌에 따라 별의 색깔이 달라지는 오묘한 존재입니다.

별을 보면
이 세상 모든 슬픔과 아픔을
어루만져 다독여 줄 것만 같다.

시시때때로 나도 모르게
시린 가슴이 될 땐
야윈 두 뺨 위에 흘러내리는
차가운 눈물을 닦아 줄
따뜻한 별 하나 갖고 싶다.

별을 보면
이 세상 모든 사랑과 평화를
따스하게 품어 안고 있을 것만 같다.

내 사랑이 모자라
사랑하는 이가 눈물을 보일 때나
내 이기심이 사랑하는 이를 분노하게 할 땐
허허로운 내 빈 가슴을 가득 채워 줄
따뜻한 별 하나 갖고 싶다.

별을 보면
새하얗게 반짝이는 별이 되어
내가 사랑하는 모든 이들에게
죽어서도 사라지지 않을
따뜻한 별 하나 남기고 싶다.

-김옥림, 〈따뜻한 별 하나 갖고 싶다〉

별은 나에게 많은 서정을 가져다주는 내 연인이며 사랑이며 동경이며 꿈이며 상상력의 원천입니다. 어느 해 여름날 맑은 밤하늘에서 반짝반짝 빛나는 별을 바라보고 그 극치감에 사로잡혀 순식간에 시를 쓰게 되었습니다.

여기서 따뜻한 별이란 사랑과 행복을 말하는 것으로, 누구나 따뜻한 별을 품고 살길 원하는 마음을 표현해 보았습니다. 밤하늘에 흰 눈가루처럼 펼쳐져 반짝이는 별을 보고 숨이 막히도록 감동에 젖어 본 사람은 별이 사람들에게 주는 위안의 가치를 인정하게 됩니다.

이처럼 사랑하는 이들을 위해 사랑의 별이 되어주면 어떨까요.

별이 되어 그들의 가슴에 희망을 주고 행복을 심어주는 사람이 된다면 더할 나위가 없겠지요.

어린왕자가 되어 "나는 당신을 사랑합니다."하고 다정다감하게 말을 전해주는 사람이 되어야 자기 자신도 그만큼의 행복을 더 느끼게 되지 않을까 싶습니다.

겨울 강가

▶

젊은 연인이 있었습니다. 그들은 서로를 진정으로 사랑하였습니다.

그러나 그들은 너무도 가난하였습니다. 그들은 많이 배우지 못했고 가진 것이라고는 건강한 몸과 서로에 대한 깊은 사랑밖에 없었습니다. 하지만 서로 사랑했으므로 정말 행복해했습니다.

그들은 결혼식을 올리지 못했지만 예배당에서 간단하게 언약식을 했습니다. 그리고 부부가 되었습니다. 근근하게 살아가던 그들에게 아기가 생겼습니다. 둘이 살 때보다 더 많은 돈이 필요했고, 아이의 장래를 위해 탄광촌으로 갔습니다. 그곳은 배우지 못했어도 몸만 건강하다면 얼마든지 돈을 벌 수 있는 곳이었습니다. 그는 잘 아는 고향 사람의 소개로 탄광에 취직을 할 수 있었습니다. 그는 성실한 사람이었습니다.

일 년이 가고 이 년이 가고 통장엔 금싸라기 같은 돈이 쌓여갔습니다. 아기도 무럭무럭 잘 자랐습니다. 그들은 하루하루가 꿈처럼 행복했습니다.

그러던 어느 날이었습니다. 그날은 비가 몹시 내렸습니다. 아내는 우산을 들고 남편을 마중 나갔습니다. 칠흑 같은 어둠을 뚫고 한 남자가 이리로 오고 있었습니다. 그녀는 그가 남편임을 알아차리고 앞으로 달려 나갔습니다.

"여보! 나예요."

아내가 소리치자 그녀를 보고 남편은 손을 흔들었습니다. 아내는 남편만 주시하며 달려가다 옆에서 오는 차를 미처 보지 못했습니다. 순간 그것을 본 남편이 소리쳤습니다.

"안 돼! 오지 마!"

그러나 아내는 그 소리를 제대로 알아듣지 못했습니다. 그러자 남편이 아내를 막기 위해 몸을 날렸습니다. 남편은 안타깝게도 트럭에 받치고 말았습니다. 순간적으로 발생한 일이었습니다. 남편은 나뒹굴어 쓰러졌고 아내는 그 자리에 얼음 기둥처럼 선 채 잠시 할 말을 잃었습니다.

그리고 잠시 후 퍼붓는 빗줄기 속에서 그녀는 몸부림치며 울부짖었습니다.

남편은 사랑하는 아내를 살리기 위해 자신의 몸을 초개 같이 던지고, 길 위에 구르는 마른 낙엽처럼 쓸쓸히 이 세상을 하직하고 말았습니다.

그리고 그곳에 있던 모든 사람들도 눈물을 흘리며 안타까워했습니다. 남편이 보여준 희생적인 사랑은 저를 눈물짓게 만들었습니다.

참된 사랑은 사랑하는 이를 위해 '죽음도 불사하는 사랑'입니다. 그러기에 그 사랑은 사람들에게 깊은 감동을 줍니다.

> 어린 눈발들이, 다른 데도 아니고
> 강물 속으로 뛰어내리는 것이
> 그리하여 형체도 없이 녹아 사라지는 것이
> 강은,
> 안타까웠던 것이다
> 그래서 눈발이 물위에 닿기 전에
> 몸을 바꿔 흐르려고
> 이리저리 자꾸 뒤척였는데
> 그때마다 세찬 강물소리가 났던 것이다
> 그런 줄도 모르고
> 계속 철없이 철없이 눈은 내려,
> 강은,
> 어젯밤부터
> 눈을 제 몸으로 받으려고
> 강의 가장자리부터 살얼음을 깔기 시작한 것이었다
> ─안도현, 〈겨울 강가에서〉

나는 이 시를 읽을 때마다 안도현 시인의 세심한 관찰력과 탁월한 시적 상상력에 적이 놀랍니다.

눈발이 강물에 닿는 순간 흔적도 없이 녹아 버리는 모습을 보고 강은 눈발이 너무나 안타까워 제 몸으로 받기 위해 강의 가장자리부터 살얼음을 깔았다는, 이 시적 상상은 아무나 할 수 없는 것이기 때문입니다. 사물을 진정으로 이해하려는 마음으로 바라보았기 때문에 이런 시를 쓸 수 있는 것입니다.

강은 얼 때 가장자리부터 업니다. 그것은 자연의 법칙에 따른 것입니다. 그런데 이 시는 그런 자연적인 현상을 어린 눈발을 지켜내려고 분투하는, 강의 희생적인 사랑으로 그려냈습니다.

나는 안도현 시인의 〈겨울 강가에서〉를 읽으며, 앞서 이야기한 부부의 눈물겹지만 너무도 아름답고 숭고한 사랑을 떠올려 봅니다.

남편이 어린 눈발을 받아주기 위해 자신의 몸을 얼어붙게 한 강이라면, 그의 아내는 연약한 어린 눈발입니다.

그녀의 남편이 보여준 사랑은 참으로 위대하고 종교보다 거룩한 것입니다.

사랑의 절제

무언가에 '집념을 발휘한다'라는 것은 긍정적인 측면에서는 좋을 수도 있지만 부정적인 시각에서는 오히려 독이 됩니다.

가령, 일이나 공부를 할 때 집념은 정신을 집중시키는 효과를 줌으로써 발전적으로 작용하지만, 사랑에 있어서는 도가 지나쳐 그 사랑을 구속하는 경우를 초래하게 되어 화를 부르는 경우가 많습니다. 매스컴을 통해 가끔씩 듣게 되는 불행한 사랑의 결말은, 집착이 원인이 되는 경우가 많습니다.

사랑의 집착은 웬만해선 치유가 안 되는 난치병과 같습니다. 사랑의 지나침으로 서로에게 고통을 주는 소유욕에 빠지기 전에 스스로에게 제동을 걸어야 합니다. 그렇지 않으면 그로 인해 씻을 수 없는 상처를 주어 사랑의 대상을 원망하게 되고, 결국 미워하게 되어 앞에서 언급했듯 비참한 종말을 맞을 수도 있습니다.

애정에는 두 가지가 있다.
혼자 독점하고 싶은 강렬한 소유욕에 속하는 애정은 불행의 원인이 되기 쉽다.
담담하면서도 다정한 관심과 흥미, 이러한 애정은 오래 지속되고 또 행복을 보태준다.

-러셀

러셀은 이 이야기를 통해 사랑에도 지켜야 하는 원칙이 있음을 말해줍니다. 그의 말에 의하면 사랑에 빠진 사람들이 가장 경계해야 할 것이 있다면 지나친 소유욕에서 오는 집착입니다.

사랑하는 이에 대한 강렬한 사랑의 확인이라는 차원에서라면 때로는 긍정적일 수 있을까요? 대부분은 상대방이나 자신에게 치명적인 아픔을 가져오는 불행을 낳습니다.

아무리 맛있는 음식도 절제해야 누릴 수 있습니다. 맛있다고 무턱대고 먹으면 배탈이 나거나 대책 없이 비만증에 걸립니다. 그렇게 되면 건강을 해치게 되어 불상사를 초래할 수 있습니다.

이와 마찬가지로 사랑에도 절제가 필요한 것입니다.

지속적인 사랑, 잔잔하고 영원한 사랑을 원한다면 사랑을 컨트롤 할 수 있는 능력을 길러야합니다.

사랑의 절제!

이는 행복한 사랑에 있어 꼭 필요한 요소입니다.

인색한 사랑

▶

'사랑을 하는데 인색한 사람이 어디 있을까.' 생각할지 몰라도 주변을 살펴보면 자신만 아는 사람들이 의외로 많음에 놀라지 않을 수 없습니다.
왜 그런 현상이 나타나는 걸까요?
단적으로 말해 사랑 앞에서 이기심을 버리지 못하기 때문입니다. 내 사랑을 주면 나만 손해를 본다는 생각의 지배를 받게 됨으로써 옹졸한 마음이 들지요. 옹졸한 마음이 내 사랑을 차단시키는 것입니다.
사랑이란 아낌없이, 조건 없이 자신의 모두를 줄 수 있을 때 그 빛을 발하게 됩니다. 하지만 그러지 못하는 사랑이란 아무런 의미가 없습니다. 의미 없는 사랑은 당연히 오래가지 못할 뿐만 아니라 삶의 향기도 없습니다. 또, 상대방에게 나의 진실된 사랑을 줄 때에야 비로소 그 또한 나에게 아낌없는 사랑을 줄 수 있는 것이기도 합니다.
인색하게 굴면서 다른 사람에게 사랑을 받으려고만 한다면 너무나 이기적인 생각입니다. 그런 사람에겐 아름다운 사랑을 기대할 수 없습니다.

다른 사람을 사랑하기에 인색해 하는 사람은 다른 사람 또한 나를 헌신짝 만큼이나 알 것이다.
다른 사람을 소중하게 여길 때에 다른 사람도 나를 소중히 받들어줄 것이다. 사람의 본성은 좋은 일을 간절히 바라고 있다.
만약 이 천성을 좇지 않게 되면 마음이 쓰라리고, 천성을 좇았을 적에는 마음이 유쾌하다.
그러므로 착한 방향으로 나아감은 순풍에 돛단배가 가는 것과 같다.

―동양 명언

옹졸한 사랑을 하지 말라는 것입니다. 그 이유는 내가 인색하게 굴면 상대방 또한 나에게 인색하게 대한다는 것입니다.

사랑은 정성입니다. 정성이 없는 사랑은 하지도 말고 받지도 말아야 합니다. 서로에게 무가치한 일일 뿐입니다.

진정으로 행복한 사랑을 원한다면 인색한 마음을 버려야 합니다.

그리고 상대방을 소중하게 여기는 마음을 가져야 합니다. 그러면 자신 또한 다른 사람에게 소중히 여김을 받는 한 사람이 될 것입니다.

책임감

사랑을 하다 보면 기쁨도 있고, 슬픔도 있고, 아픔도 따르기 마련입니다. 그런데 기쁨만 좇는 사랑만을 일삼고 아픔과 슬픔을 두려워한 나머지 사랑을 외면한다면 그런 사랑은 진정한 사랑이 아닐 겁니다. 사랑으로 위장한 거짓사랑일 뿐입니다.

사랑엔 책임감이 따라야 합니다. 그 어떤 경우에도 자신의 사랑에 대해 책임을 질 때 책임을 져야 합니다. 책임지지 못하는 사랑은 사랑으로써 가치가 없습니다. 가치가 없는 사랑은 감동이 없고 감흥도 없습니다. 언제 깨질지 모르는 텅 빈 화병과 같습니다.

책임지지 못하는 사랑으로 울고불고 하는 사람들을 보면 사랑에 있어 책임감이 얼마나 중요한 것인지를 새삼 깨닫곤 합니다.

그러기에 진정한 사랑은 죽음까지도 함께 할 수 있는 책임 있는 사랑이어야 합니다.

상황에 따라 자신의 이기심을 좇아가는 사랑은 하지 말아야 합니다. 그런 사랑엔 독毒이 들어 있으니까요.

언제나 먼저 지는 몇 개의 꽃들이 있습니다.
아주 작은 이슬과 바람에도 서슴없이 잎을 던지는,
뒤를 따라지는 꽃들은 그들을 알고 있습니다.
아이들과 함께 꽃씨를 거두며 사랑한다는 일은
책임지는 일임을 생각합니다. 사랑한다는 일은
기쁨과 고통, 아름다움과 시듦, 화해함과 쓸쓸함
그리고 삶과 죽음까지를 책임지는 일이어야 함을
압니다. 시드는 꽃밭 그늘에서 아이들과 함께
꽃씨를 거두어 주먹에 쥐며 이제 기나긴 싸움은
다시 시작되었다고 나는 믿고 있습니다. 아무것도
끝나지 않았고 삶에서 죽음까지를 책임지는 것이
남아있는 우리들의 사랑임을 압니다.
꽃에 대한 씨앗의 사랑임을 압니다.

-도종환, 〈꽃씨를 거두며〉

시인은 이 시에서 책임질 줄 아는 사랑을 해야 한다고 말합니다. 그렇습니다. 사랑이란 책임을 질 수 있을 때 하는 것입니다. 책임을 질 수 없다면 그런 사랑은 하지 말아야 합니다. 그렇지 않으면 자칫 자신이나 상대방에게 깊은 고통과 아픔만을 남겨줄 뿐입니다.

사랑을 장난처럼 여기는 사람들을 보면 너무나 안타까운 마음에 가슴이 저려오기도 합니다. 그들은 사랑의 행위를 일순간 즐거움을 위한 놀이쯤으로 여기는 것 같습니다. 재미있을 때는 신나게 가지고 놀다가도 흥미를 잃게 되면 내팽개치는 장난감처럼 말입니다.

그런 사랑은 하지도 말고 받지도 말아야 합니다. 오직 사랑만을 위한 사랑을 해야 합니다.

사랑의 계산법

▶

　사랑하는 사람에게 주는 것이 아까워 계산기를 두드린다면 그것은 매우 어리석은 일입니다. 아깝다고 생각하는 사랑은 애초에 시작하지를 말아야 합니다. 사랑을 일반적인 계산법으로 적용하지 말아야 합니다. 일반적인 계산법은 하나를 받고 또 하나를 받으면 둘이 되지만, 사랑은 하나를 주면 둘을 얻고, 둘을 주면 백을 얻을 수도 있습니다.
　그런데 어리석게도 일반적인 계산법으로 사랑을 하는 사람이 있습니다.
　소중한 사랑을 꿈꾼다면 자신의 사랑을 사랑하는 사람에게 맘껏 퍼주십시오. 그러면 더 큰 사랑의 값이 되돌아올 것입니다.
　왜냐하면 사랑은 산술적인 계산법으로 하는 것이 아니라 마음으로 하는 것이기 때문입니다.

하나를 줌으로
둘을 얻을 수 있는 게 사랑이다
하나를 줄 땐 아깝다는 생각이 들 것이다
그러나 그것은 어리석은 계산법이다
사랑 앞에선 하나가 둘이 되고,
열이 백이 되고, 백이 천이 되고,
천이 만이 되고, 만이 억이 되는 것이다

이는 나의 시집 ≪따뜻한 별 하나 갖고 싶다≫에 수록되어 있는 시 〈사랑의 소고小考9〉입니다.

'사랑이란 대체 무엇이기에 사람의 마음을 들뜨게 하는가' 하고 생각해보면 그 사랑의 실체에 대해 알 것 같기도 하고 또 한편으로는 고개가 갸웃거려집니다. 쉬운 것 같으면서도 어려운 게 사랑이니까요.

사람들은 사랑을 하면서 상대방에 대한 사랑의 무게를 저울질하는 경우가 종종 있습니다. "나는 이렇게 해주었는데, 너는 이게 뭐냐?" 하는 식으로 말입니다. 나는 이런 생각을 불식시켜야겠다는 마음으로 〈사랑의 소고小考9〉를 쓰게 되었습니다.

나 또한 이런 생각에서 멀어지려는 내 자신을 발견할 때마다 이 시를 꺼내 읽으면서 자중하고 반성합니다.

사랑은 내어줄수록 커지는 화수분입니다.

위대한 사랑

▶

아무리 강조해도 부족함을 느끼게 되는 것이 사랑입니다. 사랑은 하면 할수록 자꾸만 하고 싶어집니다. 사랑은 마음을 자석처럼 끌어당깁니다.

그러나 이렇게 아름다운 사랑을 하다 보면 자신의 뜻과는 달리 어긋나는 경우가 종종 있습니다. 오해로 인해 가슴 아픈 일도 겪게 되고, 원치 않은 이별도 맞게 됩니다. 그럴 때 절망이 오기도 하고 눈물 섞인 몸부림에 지치기도 합니다.

그러나 실의에 빠지거나 좌절감에 사로잡히는 것을 조심해야 합니다. 자칫 슬픔의 노예가 되어 시시때때로 울면서 스스로를 원망함으로써 비루한 삶으로 전락하는 우를 범할 수 있습니다.

우리는 값진 사랑을 말할 때 흔히 위대한 사랑이라고 합니다.

사랑을 위대하다고 말하는 것은 어떤 상황에서도 무너지지 않고 그 사랑을 끝까지 지켜냈기 때문이지요.

사랑을 아름답다고 하는 것 역시 가치 있는 사랑을 두고 하는 말입니다.

말없이 사랑하여라.
내가 한 것처럼
아무 말 말고
자주 겉으로 드러나지 않게
조용히 사랑하여라.
사랑이 깊고 참된 것이 되도록
말없이 사랑하여라.

아무도 모르게 숨어서 봉사하고
눈에 드러나지 않게
좋은 일을 하여라.
그리고 침묵하는 법을 배워라.

말없이 사랑하여라.
꾸지람을 듣더라도 변명하지 말고
마음 상하는 이야기에도
말대꾸하지 말고
말없이 사랑하는 법을 배워라.

네 마음을
사랑이 다스리는
왕국이 되게 하여라.
그 왕국을

타인 향한 마음으로
자상한 마음으로 가득 채우고
말없이 사랑하는 법을 배워라.

사람들이 너를 가까이 않고
오히려 멀리 떼어버려
홀로 따돌림을 받을 때
말없이 사랑하여라.

도움을 주고 싶어도
받아들이려 하지 않는 사람들을 위해
기도하여라.
오해를 받을 때도
말없이 사랑하여라.
네 사랑이 무시당한다 하더라도
끝까지 참으면서…….

슬플 때
말없이 사랑하는 법을 배워라.
주위에 기쁨을 나누어주고
사람들이 행복을 느끼도록 마음을 써라.
타인의 말이나 태도로 인해 초조해지거든
말없이 사랑하여라.
마음 저 밑바닥에 스며드는 괴로움을
인내하여라.

> 네 침묵 속에
> 원한이나
> 은혜롭지 못한 마음, 어떤 비난이
> 끼어들지 못하도록 하여라.
> 언제나 상대를 존중하고
> 소중히 여기도록 마음을 써라.
> 　　　　　　　　- J. 갈로, 〈사랑의 기도〉

　J. 갈로의 시 〈사랑의 기도〉는 사랑의 참된 의미를 잘 표현한 시입니다. 〈사랑의 기도〉를 한마디로 함축한다면 참된 사랑이라고 할 수 있습니다.

　참된 사랑을 하기 위해선 말없이 사랑하고, 나의 사랑을 아낌없이 주고, 마음 상한 일도 참고, 힘든 일도 견뎌내고, 넓은 마음으로 배려하고, 비난에도 흔들리지 않고, 언제나 상대를 존중하고 소중히 여기도록 마음을 써야 합니다. 사실, 이런 사랑을 한다는 것은 쉽지 않습니다. 이러한 절대적인 사랑이야말로 '위대한 사랑'이기 때문입니다.

　그러나 참된 사랑을 하도록 노력해야 합니다. 노력하면 그 어떤 것도 해낼 수 있는 것처럼 참된 사랑을 할 수 있습니다.

　나는 마음이 메마르거나, 이기심에 사로잡히거나, 오만한 마음에 빠져들 때면 언제나 J. 갈로의 〈사랑의 기도〉를 몇 번이고 음미합니다. 고요히 음미하다 보면 내 마음은 어느샌가 주단을 깔아놓은 듯 따뜻해집니다.

　사랑하는 이를 위해 기도하십시오.

사랑하는 사람을 위해 기도하는 모습은 한 폭의 수채화보다도 아름답습니다. 사랑하는 이를 위해 기도하면 자신은 더 큰 기쁨을 얻게 된답니다.

사랑의 쉼터

사랑은 편하고 부드럽습니다. 딱딱하거나 빡빡한 것은 진정한 사랑이 아닙니다. 아무리 깊은 사랑에 빠진 사람들이라도 딱딱하거나 빡빡한 사랑은 원치 않을 겁니다. 안식할 수 있는 포근한 사랑을 원하는 까닭이지요.

사랑을 위해선 노력이 필요합니다. 노력 없이 좋은 결과를 얻을 수 있는 것은 아무 것도 없으니까요. 진정 예쁘고 아름다운 사랑을 만들기 위해서는 서로가 서로에게 사랑의 나무가 되어 향기로운 사랑의 꽃을 피워 사랑하는 사람이 언제나 기뻐할 수 있도록 해야만 합니다. 상대가 지치고 외로울 땐 언제든지 찾아와 편히 쉴 수 있는 쉼터가 되어 주어야 합니다.

어느 햇살 좋은
양지녘 한 그루 나무되어
철마다 꽃을 피워 향기를 품고
내 사랑하는 사람들 가슴에
달콤한 쉼터가 되고 싶다.
　　　　　　　　－김옥림, 〈나무〉

어느 햇살 좋은 봄날이었습니다. 나는 그때 들길을 걷고 있었습니다. 들길을 걸어가는데 따뜻한 햇살이 봄비처럼 쏟아져 내렸습니다. 그 맑고 화사한 햇살이 마치 하나님이 우리 인간들에게 보내주시는 미소 같았습니다.

내 입에서는 노래가 절로 나왔고, 발걸음은 발레를 하는 발레리나처럼 경쾌했습니다.

그러던 중 저 멀리 마을 언덕 위에 우뚝하니 서있는 느티나무를 보았습니다. 갑자기 그 넓은 품에 안기고 싶었습니다. 그 품에 안기기만 해도 위안을 받고 평안을 느낄 것만 같았습니다.

소중한 사랑은 마치 위안을 주고 평안을 주는 나무와 같습니다. 그 때의 느낌을 적은 것이 바로 〈나무〉라는 시입니다.

나무 같은 사랑을 해야 합니다. 그래서 사랑하는 이에게 사랑의 쉼터가 될 수 있도록 말입니다.

이런 사랑이 못 견디게 간절한 요즘입니다.

이기적인 사랑

▸

사람들 중엔 사랑을 한다면서도, 자신만을 중요하게 여기는 탓에 상대방에게 상처 주는 일을 아무렇지 않게 하는 이가 있습니다. 그것은 크나큰 잘못입니다. 그런데도 그것을 잘 모릅니다.

자신이 중요하면 그만큼 다른 사람도 중요한데 말입니다.

사람은 누구나 소중한 인격체입니다. 법적으로 개인이 인격권을 부여받고 태어나기도 합니다. 그래서 행복을 추구할 권리가 있습니다만, 그것이 지나쳐 눈살을 찌푸리게 하는 것이죠.

자신만의 행복한 사랑을 위해서라면 수단과 방법을 가리지 않아도 되는 걸까요? 과연 그런 이가 사랑받을 자격조차 있는지 모르겠습니다. 자신을 사랑하는 만큼 다른 사람도 생각할 줄 아는 사람이 진정 행복합니다.

세상에는 자기를 사랑하고 또 누군가로부터
사랑 받기를 원하면서도, 다른 사람을 괴롭히고 해치면서
사랑을 멀리하는 사람이 많다.

-버나드 쇼

　사람은 누구나 자신을 끔찍이 사랑하고 아끼기 마련입니다. 지극히 당연한 일입니다. 이 세상에서 자신만큼 자신을 사랑하는 사람은 없습니다. 문제는 자신은 그토록 끔찍이도 아끼고 사랑하면서 다른 사람의 사랑에 아예 관심을 두지 않는 사람들이 많다는 사실입니다. 상대방에겐 무척 쓰라린 일이 될 겁니다.

　버나드 쇼는 사람들의 이런 모습에서 이율배반적인 모순을 발견한 것입니다.
　생각해 보십시오, 이런 사랑이 과연 온당한 사랑인가를.
　아마 다들 아니라고 말할 겁니다. 그렇다면 문제는 간단합니다. 다른 사람에게도 사랑을 두면 되는 것이지요.

질투

▲

　사랑을 하다보면 자신도 모르는 사이에 질투심을 품게 될 때가 있습니다. 자신이 사랑하는 사람이 다른 사람에게 조금만 친절을 베풀거나 미소를 지어보이기라도 하면 은근히 화가 치밀어 오르는 것을 누구나 한 번쯤은 경험했으리라 생각합니다.
　"인간이기에 그럴 수밖에 없지 않느냐."라고 해도 그다지 무리가 따르지 않는 말입니다.
　그러나 그것이 지나치면 화를 가져오게 되는 것은 빤한 일입니다. 불행한 사람은 바로 자신이며 그 다음이 사랑하는 사람이고, 또 그 다음이 주변 사람들입니다.
　질투심이 변하면 증오심이 되는데 이 증오심은 대책이 없을 만큼 무서운 것입니다. 모든 사랑의 종말엔 증오심이 한 원인으로 자리 잡고 있습니다.

질투심이 강한 사람의 사랑은 증오심으로 변한다. 질투는 남보다도 자기를 해치는 기술이다.
―알렉산드르 뒤마

알렉산드르 뒤마의 말은 질투심이 얼마나 무서운 것인가를 잘 나타내주고 있습니다.
온전하고 아름다운 사랑을 꿈꾼다면 질투심을 버려야만 합니다. 마음을 너그럽게 갖고 참을성을 기르십시오. 질투심은 사람의 눈을 멀게 하고 마음을 강퍅하게 만드는 사랑의 좀입니다.

사랑의 힘

사람이 사랑을 하게 되면 많은 에너지가 생성됩니다. 그 에너지는 상상을 초월할 만큼 강하고 힘이 넘칩니다. 사랑을 하면 사랑하는 이에게 최선을 다하려는 마음에서 오는, 놀라우리만치 두려움이 없는 능력을 갖게 되기도 합니다. 목숨이 위협받는 긴박한 상황에서도 자신의 몸을 사리지 않고 사랑하는 이를 위해 과감히 내던져 맞서는 것은 그런 이유 때문입니다.

그러고 보면 사랑이란 참으로 좋은 것입니다. 사랑 앞엔 불가능도 가능하게 되고, 도저히 용서할 수 없는 일까지도 용서가 됩니다. 이것은 사랑만이 지닐 수 있는 놀라운 능력입니다.

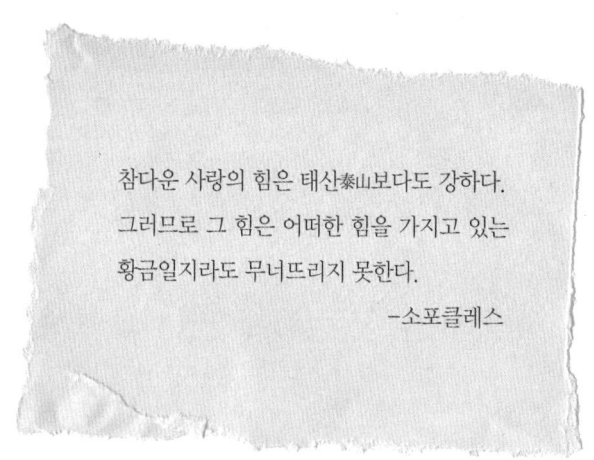

참다운 사랑의 힘은 태산泰山보다도 강하다.
그러므로 그 힘은 어떠한 힘을 가지고 있는
황금일지라도 무너뜨리지 못한다.
　　　　　　　　　　-소포클레스

　소포클레스의 말처럼 참다운 사랑은 태산보다도 강합니다. 어디 그뿐인 가요. 사하라 태풍보다도 강하고 쓰나미보다도 강합니다.
　참사랑 앞에 대적할 것은 아무것도 없습니다. 있다면 그것은 오직 진실한 사랑뿐입니다.
　사랑을 이기는 힘은 오직 사랑입니다.
　오늘이 마지막이듯 사랑하고, 내일을 처음이듯 사랑하십시오. 그 사랑이 최선의 사랑이고, 최고의 행복을 가져다줄 테니까요.

사랑한다는 말

▲

　우리는 사랑한다는 말에 익숙하지 못한 민족성을 갖고 있습니다. 그래서 사랑한다는 말을 들으면 공연히 얼굴이 빨개지고 콧등이 근질근질거립니다. 그렇다고 해서 사랑을 대수롭지 않게 여기거나 무시하지는 않습니다. 다만, "사랑해." 또는 "사랑합니다."라는 말에 익숙하지 못할 뿐입니다.

　이글을 읽는 누군가는, 내가 사랑하는 그 사람 앞에서, 다른 이들은 너무나도 쉽게 '사랑한다', 말을 하고 있어서 마음 아픈 일을 겪어보았을지도 모르겠습니다.

　그러면 어떻게 사랑을 해야 잘 하는 사랑일까요? 가볍게 사랑한다는 말로 표현하기 이전에 새겨야 할 것이 있습니다.

　사랑은 자신을 비우는 일입니다. 나만의 유익만을 추구했다간 그나마 있던 사랑마저 금이 가기 십상입니다.

　사랑은 자신을 낮추는 일이며 목숨처럼 자신을 바치는 일입니다. 사랑하는 사람 앞에 너그러워지라는 말이며, 생명처럼 소중하게 대하라는 말입니다. 또한 자신의 몸을 사리지 말라는 얘기이기도 합니다.
  사람이라면 누구나 자신에게 너그러이 대하고 소중히 대해주는 사람을 좋아합니다.

사랑한다는 건
자신을 비우는 일이다.

누굴 사랑한다는 것은
자기를 낮추는 일이다.

자신의 이해관계나
자신의 욕망도
사랑하는 이가 원치 않는다면
미련 두지 말고 버려라.

사랑한다는 건
목숨과도 같은 것

누굴 사랑한다는 건
자신을 바치는 일이며
자신의 사랑을 사랑하는 이를 위해
아낌없이 주고
아낌없이 받아들이는 일이다.

그리하여
사랑한다는 건
자신을 비우는 일이며
자신을 낮추는 일이며

누굴 사랑한다는 것은
목숨과도 같은 것이며
자신을 아낌없이 바치는
숭고하고 은혜로운 일이다.
― 김옥림, 〈사랑한다는 것은〉

 사랑은 자신을 비우고, 자신을 낮춥니다. 그리고 사랑하는 사람이 원치 않는다면 그 일은 하지 않는 게 좋습니다. 사랑은 지극히 숭고하고 은혜롭습니다.
 내가 살아오는 동안 느끼고 깨달은 게 있다면 아름다운 사랑, 참 좋은 사랑은 '사랑하는 이에게 절대적인 믿음과 신뢰를 주는 사랑'이라는 것입니다. 믿음을 갖게 한다면 사랑받는 이 역시, 자신의 믿음과 신뢰로써 상대를 대합니다.
 사랑한다는 것은 자신을 온전히 바치는 일입니다. 이런 사랑이야말로 참으로 값진 사랑이지요.

나는 이런 깨달음을 통해 〈사랑한다는 것은〉이란 시를 썼습니다. 오래가는 사랑, 그리고 충만한 행복을 위해서는 자신을 조금은 낮추고, 사랑하는 이를 높여주고 배려해야 하겠습니다.

꼭 필요한 사랑

▲

　사람들은 서로가 누군가에게 꼭 필요한 존재라고 생각합니다. 그것이 사람들을 더 이상 사람일 수밖에 없는 한계에 묶어두기도 하지만 그래서 사람들에게 사랑은 더욱 필요한 것입니다.
　사람들은 여러모로 부족한 존재이며 미완성의 존재입니다. 그 부족한 것을, 다름 아닌 사랑을 통해서만 채울 수가 있습니다. 자신에게 부족한 것은 사랑하는 사람에게 구하고, 사랑하는 사람에게 부족한 것을 자신이 채워주면 되는 것입니다.
　그런데 일방적인 사랑으로 인해 주는 이가 됐든 받는 이가 됐든, 쓰라린 고통을 호소하는 사람들이 있습니다. 일방적 사랑은 울림 없는 메아리와 같이 공허하고 쓸쓸합니다.
　일방적인 사랑은 그 어느 때고 좋은 결실을 맺기가 어려운 것일 뿐 아니라 자신에게나 상대방에게 결코 바람직하지 않습니다.

꽃은 물을 떠나고 싶어도
떠나지 못합니다.

새는 나뭇가지를 떠나고 싶어도
떠나지 못합니다.

달은 지구를 떠나고 싶어도
떠나지 못합니다.

나는 너를 떠나고 싶어도
떠나지 못합니다.
―정호승, 〈사랑〉

간결하고 쉬운 시적 표현이지만 사랑이 지닌 속성을 함축성 있게 제대로 느낄 수 있습니다.

꽃이 물을 떠나면 그 꽃은 곧 말라죽고 맙니다. 새는 나무를 떠나면 안전하고 포근한 둥지를 잃게 되고, 달은 지구와 함께 있을 때 더욱 그 빛을 발하게 됩니다. 사랑은 이처럼 서로에게 없어서는 안되는 '꼭 필요한 행복의 끈'입니다.

사랑은 흔한 것 중의 하나 같지만, 가장 소중한 것이며 삶을 하나로 잇는 통로를 만들어 줍니다. 자신이 원하는 사랑을 완성하려면 대상이 감동하고 감격할 수 있도록 해야 합니다. 노력하는 사랑은 언제나 배신하지 않습니다.

사랑합시다.
사랑은 이 땅 위에 가장 아름다운 보석이며 희망의 주체입니다.

관심두기

▸

사랑하는 사람이 함께 있으면 아픔이나 고단함도 이겨낼 수 있고, 답답한 마음도 씻어낼 수 있습니다. 그것이 바로 사랑인 것입니다. 그래서 사람들은 끊임없이 사랑하는 사람에게 자신을 집중시키기 위해 무척이나 애를 쓰나 봅니다. 하지만 잘 생각해 보면, 자신에게 관심을 가져주길 바라는 것입니다.

사람은 누구나 자신에게 관심을 가져주는 사람을 좋아하고, 또 그 사람에게 관심을 기울이게 되는 것입니다.

사랑은 관심입니다.

사랑하는 이를 위해서라면 보잘 것 없이 작고 소소한 것까지 지켜보며 관심을 가져야 합니다. 그것이 사랑입니다.

무엇인가가 창문을 똑똑 두드린다.
놀라서 소리 나는 쪽을 바라본다.
빗방울 하나가 서 있다가 쪼르륵 떨어져 내린다.

우리는 언제나 두드리고 싶은 것이 있다.
그것이 창이든, 어둠이든
또는 별이든.

―강은교, 〈빗방울 하나가·5〉

  강은교 시인의 〈빗방울 하나가·5〉라는 시입니다.
  사람들은 가끔 그 무엇엔가 기대고 싶어 하고 위로 받고 싶어 합니다. 자신의 삶이 아프고 고단하여 답답할 때면 더욱 그러합니다. 이럴 때 필요한 것이 바로 사랑입니다.
  시인은 이 시에서 '우리는 언제나 두드리고 싶은 것이 있다/ 그것이 창이든, 어둠이든/ 또는 별이든' 이라고 말합니다.
  두드린다는 것은 관심을 끌기 위한 행위입니다. 누가 좀 나를 봐 달라는 간절한 호소이지요.
  특히 사랑하는 사람에게 관심은 절대적입니다. 사랑하는 이에게 끝없이 관심을 기울이고, 관심을 불러일으키는 사랑의 주인공이 되십시오.
  관심은 사랑으로 가는 징검다리입니다.

잃어버린 사랑

▶

　요즘 우리는 사랑을 너무 가볍게 여기며 사는 것 같아 안타까운 마음이 들 때가 한두 번이 아닙니다. 사랑은 그 어떤 것일지라도 소중한 것이거늘 사랑을 헐값에 팔아넘기는, 물 지난 생선처럼 여기며 사랑을 모독하는 사람들이 있습니다. 그뿐만이 아니라 사랑을 썩은 감정이라 여기며 함부로 대하고 깔보기도 합니다.
　이처럼 사랑에 대한 그릇된 인식과 그에 따른 감정의 격랑 때문에 오늘날 사랑의 중요성이 깨어지고 사랑을 한낱 쾌락의 배설물로 폄훼하는 풍조가 생겨났습니다. 그러다 보니 사랑은 점점 멀어져가고 세상도 아득해져갈 수밖에 없지요.
　이러한 삶을 살아간다는 것은 위험천만한 일입니다. 사랑이 떠나버린 삶은 황량한 사막이라, 까딱하다간 길을 잃고 생명도 위험합니다.

사랑을 찾아야 합니다. 소중한 사랑으로 돌아가야 합니다. 그 무엇보다 삶을 아름답게 가꾸어주는 참사랑으로 돌아가야 합니다.

이러한 염원을 담아 〈사랑으로 돌아가라〉라는 시를 썼습니다. 한 번 감상해 보는 것도 좋을 것 같아 소개합니다.

> 사랑으로 돌아가라
> 사랑을 업신여기지 마라
> 그 사랑을 가벼이 여기지 마라
> 그 사랑을 방관치 마라
> 자기를 버리는 자만이
> 남을 사랑할 수 있고
> 자신을 사랑할 수 있는 자만이
> 남을 용서할 수 있나니
> 사랑은 작은 마음으로도 큰 것을 얻게 하고
> 이룰 수 없는 마음으로도
> 내일을 바라보게 한다
> 사랑을 썩은 감정이라 부르지 마라
> 헐값에 팔아넘기는 물 지난 생선처럼
> 여기지도 말며 풋내기들이 벌이는
> 어설픈 연애 감정으로 여기지 마라
> 사랑을 빈껍데기처럼 깔보지 마라
> 이 세상이 아름다운 건
> 그 사랑이 함께 하기 때문이다
> 사랑하라, 서로를 위해 사랑하라

그 사랑으로 그대 또한 행복하리니
사랑으로 돌아가라
잃어버린 그 사랑으로 돌아가라

어떻습니까, 공감이 되는지요? 공감이 된다면 나의 즐거운 보람으로 여기겠습니다.

자신이 혹 사랑을, 잃었거나 어떤 일로 잠시 놓았다면 어서 속히 그 사랑을 찾아야 합니다. 알고도 그대로 둔다면 언젠가는 절망하게 될지도 모릅니다. 절망하지 않기 위해 지혜로워야 합니다. 지혜롭게 사랑하면 큰 행복을 얻게 됩니다.

사랑은 즐거운 것

▶

　인생에 있어 사랑처럼 사람들의 마음을 들뜨게 하고 아름답게 가꾸어주는 것은 없습니다. 사랑을 하면 누구나 천사가 되고 행복한 어린왕자가 됩니다. 그래서 사랑에 빠지면 즐겁고 행복한 마음에 나쁜 것은 눈에 들어오지 않고 예쁘고 좋은 것만 바라보려고 합니다.
　이것이 사랑이 지닌 절대적인 매력이며 힘인 것입니다.
　자연히 사랑하는 사람들은 수정같이 맑고 아름다운 언어로 서로의 감정을 이야기하고, 그 이야기는 사랑하는 사람들의 마음을 사로잡게 되어 인생에 있어 가장 즐거운 시간을 보내게 되는 것입니다.

> 인생에 있어서 가장 즐거운 시간은, 아무도 모를 두 사람만의 언어로 누가 보아도 아름답고 맑은 수정水晶과 같은 이야기를 주고받을 때일 것이다.
> ―괴테

　사랑의 대화는 인생을 설레게 하는 기쁨의 메시지입니다.
　인생에 있어 가장 즐거운 시간을 보내려면 늘 사랑하는 마음을 한가득 품고 살아야 합니다.
　사랑하는 사람과의 이야기는 가장 멋지고 예쁜 말로 하고, 용기와 긍지를 심어주는 긍정적인 말로 해야 합니다. 그래야 둘 사이가 더욱 가까워지고 서로를 아낌없이 사랑하게 됩니다.

꽃이 향기면 사람은 사랑이다

사랑에는 향기가 있습니다. 그러한 사랑엔 희망이 있습니다.

부귀영화를 누리는 사람에게 사랑이 없다면 그것만큼 또 허망한 것이 어디 있겠습니까.

희망이란 사람들에게 얼마나 힘을 주는 말인지 모릅니다. 희망이 있으니 사랑을 노래하며, 사랑이 있기에 희망을 부르게 됩니다.

넓고 넓은 바닷가나 깊고 깊은 산 속의 오막살이, 초가삼간草家三間일지라도 사랑이 있는 풍경은 행복이 있고 아름답습니다.

> 사랑은 봄에 피는 꽃과 같다. 온갖 것에 희망을 품게 하고
> 훈훈한 향내를 풍기게 한다. 때문에 사랑은, 향기조차 없는
> 메마른 폐허나 오막살이집에서도 희망을 품게 하고,
> 훈훈한 향내를 풍기게 한다.

그렇습니다.

프랑스 소설가 플로베르가 한 이야기처럼 사랑은 꽃향기와 같습니다. 꽃이 아름다운 것은 단순히 예뻐서가 아니라 향기가 있기 때문입니다. 만약 꽃에 향기가 없다면 그 꽃은 더 이상 환영받지 못할 것입니다.

꽃에 있어 향기는 사람에게 있어 사랑입니다.

꽃과 같이 향기를 주는 사랑을 하십시오.

우리에겐 사랑하며 살아야 할 권리와 의무가 있습니다. 이 권리와 의무를 아낌없이 행하고 지킴으로써 향기로운 삶을 살기 바랍니다.

나머지1/2
오늘을 사는 행복

2

자족할 줄 아는 행복

▶

사람이 신이 될 수 없는 가장 큰 이유는 마음속에 흐르는 욕망이라는 더러운 물이 시도 때도 없이 소리를 내며 흐르기 때문이라 생각합니다. 욕심이 지나침으로 인해 불행한 삶의 늪에 빠져 허우적대는 경우가 다반사입니다. 이것이 인간이 지닌 한계입니다.

채근담에 보면 '욕심이 많은 사람은 돈을 주어도 돈보다 귀한 옥을 주지 않았다고 불만을 성토한다. 이러한 사람은 옥을 주면 그 수효가 적다고 또 탓할 것이다. 자족할 줄 모르는 사람에게는 그 어떤 것을 주어도 늘 부족하다. 이것은 그 근성이 거지나 다름없다. 거지는 무엇을 얻어들게 되면 좀 더 얻고 싶어 한다.

마음이 풍족하면 비록 헝겊 누더기를 입고도 따뜻하게 생각하고 푸성귀로 밥을 먹어도 맛있다고 하는 법이다. 인생을 즐기고 풍족하게 산다는 것에 있어서 그 어떤 왕후 귀족보다 풍족한 사람이다.'라고 나와 있습니다.

돼지 목에 다이아몬드 목걸이를 걸어 놓은들 그 돼지가 행복을 느끼는 것은 아닙니다. 돼지는 오로지 먹고 자는 것 외엔 달리 행복을 느낄 이유가 없기 때문입니다. 적어도 사람은 다이아몬드 목걸이를 보면 다양한 정서적 감흥을 느낄 수가 있습니다. 내 목걸이가 아니면 어떻습니까, 그래도 걸 수 있는 목은 있습니다.

자신을 더 큰 불행의 길로 끌고 가는 것이 감사할 줄 모르기 때문이라는 사실을 깨우치게 될 때, 사람은 진정한 행복의 의미를 알게 됩니다.

모든 불행의 시초는 탐욕에서 옵니다. 자신을 옭아매고 삶을 뿌리 채 흔들어 대는 탐욕을 버리십시오. 그랬을 때 비로소 자족하는 행복의 기쁨을 누리게 될 것입니다.

불행의 의미

> 우리를 시시각각으로 괴롭히는 크고 작은 불행은 우리를 연마해서 커다란 불행에도 견딜 수 있는 힘을 양성해주며, 행복하게 된 후에도 마음이 풀리지 않도록 단단하게 하는 사명을 가지고 있다.
>
> -쇼펜하우어

이 말의 의미는 불행을 슬퍼하거나 노여워하지 말라는 것입니다.

원망하는 마음은 불행의 노예로 이끌지만, 오히려 불행을 감싸안고 가는 사람은 그 불행으로 인해 더 큰 행복을 발견할 수 있다는 의미로 해석할 수 있습니다.

그렇습니다.

불행이란 것은 도둑과 같이 언제 어느 때고 예고 없이 누구에게나 손을 내밉니다. 그러나 이 불행을 어떻게 다루느냐에 따라 약이 될 수도 있고,

독이 될 수 있기에 쇼펜하우어는 약이 되는 길을 선택하라고 권고합니다.

　고난은 사람들을 연마해 불행을 견디는 힘을 길러주고, 마음이 해이해지지 않게 붙잡아줄 뿐 아니라 행복한 길로 안내해 줍니다.

　괴테도 "모든 고난을 넘어서야만 안식이 온다."라고 했고, 벤저민 프랭클린도 "진정한 인간은 역경을 견디어내고서야 탄생한다."고 말해 우리가 불행이라고 말하는 고난과 역경을 긍정적으로 생각했음을 볼 수 있습니다.

　단언하여 말하건대 작은 불행이든 큰 불행이든 두려워하지 마십시오. 더 큰 행복을 주기 위한 하늘의 시험일 뿐입니다. 이겨낼 수 있습니다. 불행은 더 큰 불행을 연출하는 것이 아니라, 행복을 연출하는 조연일 뿐이니까요.

진정한 자유인

　오늘을 사는 사람들 중에 '시인'이 있습니다.

　그런데 시인들 중에는 글쓰기에 멋을 부리며 언어를 짜깁기하듯, 무의미의 시를 써대는 것을 근본으로 알고 있는 사람들이 있어 조소를 금할 수가 없습니다.

　좋은 시인이란 삶의 진정성을 쉽고 담백한 시어로 전달하는 시인이라고 생각합니다. 또한 겉모습을 부리지 않고 난해한 시어를 남발하지 않으며 순수 서정을 따뜻하게, 희로애락을 진솔하게 보여주어야 합니다.

　나는 이런 점에서 천상병 시인을 시인의 조건을 두루 갖춘 시인이라고 생각합니다. 그렇다고 해서 그가 이런 조건만으로 많은 사람들에게 기억되는 것은 아닙니다.

그의 순수함, 가난을 조금도 부끄러워하지 않는 그 여유로움, 작은 것에도 자족하는 마음, 진정한 자유가 무엇인지 거짓 없이 보여준 맑고 깨끗한 삶, 남을 미워하거나 투기하지 않는 천진난만한 마음, 순하디 순한 그의 눈망울과 소박하고 넉넉한 웃음, 막걸리 한 사발과 갑 속에 두둑한 담배 그리고 차비를 하고도 남은 동전 몇 닢에도 만족해하는 그의 청빈함이 그를 기억하게 만드는 것입니다.

그는 시인일 뿐만 아니라 진정한 행복이 무엇인지, 진실한 자유가 무엇인지를 온몸으로 보여준 삶의 철학자이기도 했습니다.

물질의 사슬에 매여 허덕일 수밖에 없는 사람들이나 양지만을 좇는 기회주의자들이나, 무지개를 따라 땅도 딛지 않고 달리려는 사람들, 그리고 진정한 자유가 무엇인지도 모르고 어둠 속을 헤매는 사람들에게 그가 걸었던 길은 참자유의 표상이었습니다.

나 하늘로 돌아가리라
새벽빛 와 닿으면 스러지는
이슬 더불어 손에 손을 잡고,

나 하늘로 돌아가리라
노을빛 함께 단둘이서
기슭에서 놀다가 구름 손짓 하며는,

나 하늘로 돌아가리라
아름다운 이 세상 소풍 끝내는 날,
가서, 아름다웠더라고 말하리라
　　　　　　　　-천상병,〈귀천〉

　그의 대표 시 〈귀천〉은 그의 삶을 잘 녹여낸 시입니다. 이 시 속엔 소박함과 겸손함, 삶의 대한 감사함이 잘 나타나 있습니다.
　삶이 고달프다고 원망하는 마음이 들거나 불평하게 될 땐 〈귀천〉을 읽어 보십시오. 이 시를 읽고 나면 삶의 진정성에 대해 잘 알게 되어, 좀 더 따뜻한 시선으로 삶을 바라보게 될 것입니다.

스물네 번째 아침

꿈을 갖고 사는 인생

'꿈'이란 글자는 참 예쁩니다. 꿈이라는 글자는 미래, 희망, 무한한 세계 등 생각하기에 따라 많은 의미를 내포하고 있습니다. 제게 사인을 해줄 일이 생길 때엔 큰 글씨로 '꿈'이라고 쓴 후 그 아래에 제 사인을 합니다. 그건 넉넉하고 미래지향적인 꿈을 잃고 사는 사람들이 많기 때문이기도 합니다.

학자금 대출을 받아 힘들게 대학을 졸업해도 갈 곳이 없어 방황하는 청춘들, 실직을 하고 허탈감을 감출 수 없는 실직자들 또, 참된 꿈의 진실은 없고 경쟁을 가르치는 대학만이 기다리는 우리의 10대들에게 '꿈을 꾸자'라는 메시지입니다.

꿈의 본질을 떠나 꿈꾸는 꿈은 참된 꿈이 아닙니다. 꿈으로 포장한 허위일 뿐입니다.

해마다 봄이 오면
어린 시절 그 분의 말씀
항상 봄처럼 부지런해라
땅 속에서, 땅 위에서
공중에서
생명을 만드는 쉼 없는 작업
지금 내가 어린 벗에게 다시 하는 말이
항상 봄처럼 부지런해라

해마다 봄이 되면
어린 시절 그 분의 말씀
항상 봄처럼 꿈을 지녀라
보이는 곳에서
보이지 않는 곳에서
생명을 생명답게 키우는 꿈
지금 내가 어린 벗에게 다시 하는 말이
항상 봄처럼 꿈을 지녀라

오, 해마다 봄이 되면
어린 시절 그 분의 말씀
항상 봄처럼 새로워라
나뭇가지에서, 물 위에서, 둑에서
솟는 대지의 눈
지금 내가 어린 벗에게 다시 하는 말이
항상 봄처럼 새로워라.

-조병화, 〈해마다 봄이 되면〉

이 시의 주제가 봄처럼 부지런하고 꿈을 키우라는 것인데, 실제 꿈이 있는 삶은 봄처럼 언제 보아도 늘 푸근하고 넉넉합니다. 조병화 시인의 고향인 경기도 용인 난실리 편운재에 가면 〈꿈의 귀향〉이라는 시를 기려 시비詩碑를 세웠고 커다랗게 '꿈'자를 새겨 놓기도 했습니다. 조병화 시인 역시 '꿈'이라는 말을 매우 좋아하고 즐겨 썼던 것 같습니다.

조병화 시인처럼 생전에 문단에서 큰상을 받고 큰 직함을 지니고 산 문인이 드뭅니다. 꿈을 품으면 언젠가 그 꿈이 이루어진다는 신념이 시인의 가슴에 커다랗게 자리하고 있었기에 가능하지 않았을까 합니다.

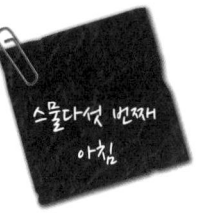

행복의 씨앗

인생은 어느 쪽인고 하면, 행복할 수 있다는 쪽이다.
그럼에도 불구하고 실제에 있어서 행복이 작은 것은 모두가
순간순간 주어지는 행복의 씨앗을 찾으려 하지 않기 때문이다.
사람들은 처음부터 너무나 완전한 전체를 요구하고 있다.
부족한 데서 차차 완전한 것에
가까이 간다는 것을 생각지 않고 단걸음에 먼 곳의 별을 따려고
한다.
모두 제 발등 밑에 흩어진 아름답고 향기로운 많은 꽃들을 잊어
버리고 있다.

-벤담

많은 사람들은 자신을 불행하다고 여깁니다. 그처럼 생각하는 것은 매순간 느낄 수 있는 행복의 조건을 찾지 않기 때문입니다.

    행복의 조건을 찾기보다는 처음부터 너무 많은 것을 바랍니다. 자신이 흘린 땀보다 더 많은 것을 기대하고, 단숨에 엄청난 결과를 얻으려고 합니다. 그러다 보니 사소한 것을 외면하게 되어 정작 그 사소한 것들이 큰 행복을 가져다주는 매개체라는 것을 모르고 불행히도 지나치고 있습니다. 그러고는 '나의 삶은 왜 이다지도 모질고 고달픈가'라는 넋두리를 쏟아 놓고 맙니다.

    참으로 안타까운 일입니다.

    진정한 행복을 원한다면 벤담의 말을 한 번쯤 깊이 헤아려 보는 진지한 자세를 가져야 할 것입니다.

행복해진다는 것은

인생에 주어진 의무는
다른 아무 것도 없다네
그저 행복하라는 한 가지 의무 뿐
우리는 행복하기 위해 세상에 왔지
그런데도
그 온갖 도덕
온갖 계명을 갖고서도
사람들은 그다지 행복하지 못하다네
그것은 사람들 스스로 행복을 만들지 않는 까닭
인간은 선을 행하는 한
누구나 행복에 이르지
스스로 행복하고
마음속에서 조화를 찾는 한
그러니까 사랑을 하는 한
사랑은 유일한 가르침

세상이 우리에게 물려준 단 하나의 교훈이지
예수도
부처도
공자도 그렇게 가르쳤다네
모든 인간에게 세상에서 한 가지 중요한 것은
그의 가장 깊은 곳
그의 영혼
그의 사랑하는 능력이라네
보리죽을 떠먹든 맛있는 빵을 먹든
누더기를 걸치든 보석을 휘감든
사랑하는 능력이 살아있는 한
세상은 순수한 영혼의 화음을 울렸고
언제나 좋은 세상
옳은 세상이었다네

－헤르만 헤세, 〈행복해진다는 것〉

헤르만 헤세는 이 시에서 '우리 인간이 이 세상에 온 것은 행복해지기 위해서'라고 말하고 있습니다. 그리고 그 행복을 찾는 길은 '사랑을 하는 것', '사랑하는 능력'이라고 말합니다.

인간의 행복을 위해서는 사랑이 필요하다는 것을 새삼 강조하고 있습니다. 보리죽을 먹든 빵을 먹든 누더기를 걸치든 보석으로 온 몸을 치장하든 간에 '사랑하는 능력'만 있게 되면 행복할 수 있다고 노래합니다.

사랑은 동서양을 막론해 시와 소설, 철학과 종교, 예술에서 가장 중요한 관점입니다. 위대한 문학작품이나 그림, 음악 등은 대부분 사랑을 그 주제로 삼고 있고, 예수도 부처도 사랑을 인간에게 가르쳤습니다.

　문학이나 예술에서 다룬 에로스도 사랑이며, 종교에서의 아가페나 자비도 사랑입니다. 이처럼 사랑은 우리 인간들이 추구해야 할 영원한 삶의 과제이며 목적인 것입니다.

　하지만 가볍고 즉흥적인 사랑이라면 행복하게 해주지 못합니다. 순간의 희열을 느끼며 즐거운 마음에 빠지게 만들 수는 있겠지만 사람의 마음을 어둡게 하고, 끝내는 쾌락의 노예로 타락시켜 버리고 맙니다.

　요즘 우리사회는 가정적이던 주부들이 채팅에 빠져 평화로운 가정을 하루아침에 깨뜨리고 있고, 철모르는 청소년들까지 원조교제로 인해 백옥같이 맑은 영혼을 더럽히는 일이 비일비재합니다.

　더욱 안타까운 것은 그것이 얼마나 잘못된 일인지조차 모르고 있다는 것입니다. 이러한 것은 그 일을 조장하는 윤리적으로 퇴락한 사람들에 의해서인데, 우리사회는 그런 사람들에게 너무 지나치리 만큼 관대합니다.

　질서와 기강을 어지럽히고 사회와 가정을 파괴시키는 이런 패륜적인 행위는 이유를 불문하고 중죄를 물어서라도 엄중히 심판해야 할 것입니다. 병이 깊어지면 병명을 알고 난 뒤에도 손을 쓰지 못해 목숨을 잃게 되는 것처럼 더는 우리가정과 사회를 위협하는, 쾌락만을 위한 사랑은 근절되어야 합니다.

　헤르만 헤세가 말하는 진실한 사랑은, 가정과 사회를 행복하게 하는 아름답고 영원한 사랑을 말하는 것입니다.

　우리 인간은 세상에서 가장 아름다운 축복을 받고 태어났으며, 영명英明한 존재이기도 합니다.

　따라서 인간은 행복하게 살 권리와 의무가 있습니다. 그것을 포기하는 행위야말로 인간을 가장 추악한 동물로 추락시키는 일이 되고 말 것입니다.

타인을 즐겁게 하기

▸

　M. 프라이어는 "행복 되기를 원하거든 다른 사람을 즐겁게 하는 일을 배우라."고 했습니다. 이 말의 의미는 진정한 행복은 물질이나 자신의 이름을 높이는 것에 있는 것이 아니라 남을 즐겁게 하는 데 있음을 뜻합니다.
　그러나 대부분의 사람들은 자신의 행복은 생명처럼 여기면서도 남의 불행에는 아랑곳하지 않습니다. 오히려 자신의 행복을 위해서라면 남의 행복까지 빼앗으려 달려듭니다. 이는 잘못된 행복 찾기의 방정식입니다.
　'행복'은 세상이 아름다울 때 더욱 행복해지는 것이지만, 세상이 쓸쓸할 때일수록 더욱 절실하게 요구됩니다. 따라서 자신이 불행하다고 느낄 때 행복한 일을 찾게 되는데, 그것이 단순히 자신만을 위하는 것보다는 다른 사람에게도 행복을 주는 일이라면 더욱 가치 있는 선택이 될 것입니다.
　악성樂聖 베토벤은 "다른 사람을 위하여 일할 수 있었다는 것은 어린 시절부터 나의 최대의 행복이었으며 즐거움이었다."라고 고백했습니다. 플라

톤은 "다른 사람을 행복하게 할 수 있는 사람만이 행복을 얻는다."라고 했으며 글라임은 "다른 사람을 복되게 하면 자기의 행복도 한층 더해진다."고 말했습니다.

삶을 성공적으로 살았던 사람들 대부분은 자신의 삶보다는 인류의 행복과 평화를 위해 평생을 살았음을 보게 됩니다.

사실 자신보다도 다른 사람을 위해 산다는 것은 말처럼 쉬운 일이 아닙니다. 때로는 '사서 고생하는 것 같고, 공연한 일을 하는 건 아닌가'하는 마음이 들기도 합니다. 그러나 그것을 너무 크게 확대해서 생각할 필요는 없습니다.

자신에게 다른 누군가를 위해서 작은 일이나마 할 수 있는 기회가 있다면 잡으십시오. 스스로에게도 행복을 가져다주는 일이므로 충분히 가치가 있습니다. 다른 사람을 즐겁게 하는 삶 속엔 따뜻한 희망과 열정이 숨어 있습니다.

마음 두기

우리가 흔히 하는 얘기 중에 '마음먹기에 달렸다'라는 말이 있습니다. 우리가 어떤 일을 결정할 때에 마음에서 우러나오는 결정은 어떤 어려움이 따르더라도 기꺼이 해나가려고 합니다. 스스로가 좋아서 하고, 할 수 있다고 믿으니까 말입니다. 하지만 다른 사람에 의해서, 어쩔 수 없이 결정한 일은 조금만 힘들고 어려우면 쉽게 포기하려는 경향이 있습니다. 가만히 생각해 보면, 정말이지 마음먹기에 달린 것입니다.

사랑하는 사람과 같이 걷는다면 십리 길을 걸어도 다리 아픈 줄을 모른다. 반대로 마음이 맞지 않는 낯선 사람과 같이 걷는다면 오리 길도 진력이 난다. 또 어떤 일은 진종일 해도 그다지 피곤하지 않지만 어떤 일은 한 시간을 견디기가 어렵다. 그러한 차이는 우리가 갖게 되는 마음의 태도에서 오게 된다. 유쾌한 기분이 따르는 일은 덜 피곤하고, 수동적으로 끌려가는 일은 속히 피로감이 오는 이유가 여기에 있다. 마지못해 하는 일이라 할지라도 처음부터 싫은 일이라고 생각하지 말고 즐겁게 일을 하겠다는 마음을 가진다면 그때는 훨씬 덜 피로할 것이다.

-카네기

이렇듯 마음을 어디에 두느냐에 따라 결과는 큰 편차를 보이기 마련입니다. 마음이 잘 맞는 친구나 사랑하는 연인과는 하루 종일 있어도 심심하지가 않습니다. 별로 말을 하지 않아도 서로가 잘 통합니다. 하지만 뜻이 잘 안 맞거나 좋아하지 않는 사람과는 잠시 동안이라도 함께 있는 것이 곤혹스럽습니다.

그렇습니다. 행복도 마찬가지입니다. 마음을 어디에 두느냐에 따라 달라지는 습성을 지닌 묘한 것입니다. 행복하길 원한다면 마음의 자리를 언제나 긍정적인 곳에 가져다 놓아야겠습니다.

카네기의 글은 앞 글과도 잘 어울리는 글입니다. 가슴 속에 담아 음미해 보세요. 새로운 마음을 다지게 될 것입니다.

행복의 비결

행복의 비결은 이것이다. 당신의 흥미를 최대한 넓혀라.
그리고 당신에게 흥미를 주는 사물이나 사람들에게 적의를
가지는 것이 아니라 가급적 호의적인 반응을 보여라.
―러셀

사람은 일평생 일만 하면서 살 수 없습니다.

흥미란 무엇입니까? 흥미란 자기가 좋아하는 것이고 관심이 있기에 최대한 자신의 시간을 투자합니다. 그렇게 한다면 행복한 마음을 얻게 되는 것입니다.

취미생활을 하면서 자신과 뜻이 잘 통하는 사람들, 요즘 말로 '코드가 맞는' 사람들과 동호회 활동을 함께 하는 것으로 주변과 호의적인 분위기를 만들어 나갑니다. 이것만으로도 행복을 느낄 수 있지 않겠습니까.

　행복은 결코 큰 것에 있거나 화려한 것에 있는 것이 아닙니다. 행복은 지극히 작은 일에서 오는 것입니다. 작은 꽃을 보고 아름답다고 느끼는 것!
　행복해지길 원한다면 행복한 마음으로 자신의 흥미를 넓혀나가고, 사물이나 사람과의 커뮤니케이션이 잘 통할 수 있도록 노력해야만 합니다.

준비된 행복이란

▶

갓난아기가 웃는 것은 우스운 일이 있어 웃는 것이 아니다. 행복하기 때문에
웃는 것이 아니고 웃기 때문에 행복하다고 할 수 있다. 살기 위해서 먹느니
보다 먹는 일 자체가 즐겁듯이…, 웃는 것이 즐거운 것이다.
그렇기 때문에 먼저, 웃는 것이 필요하다.

-알랭

의미심장한 말입니다.
"우스운 일이 있어 웃는 것이 아니라 웃기 때문에 행복한 일이다."라는 말처럼 행복이 내게 오길 바라는 수동적 태도가 아니라 스스로가 행복을 찾아가야 합니다.
미국의 심리학자이며 하버드대 교수인 윌리엄 제임스 또한 말하기를 "행복해서 웃는 것이 아니라 웃으니까 행복한 것이다."라고 했습니다.

알랭과 윌리엄 제임스의 말처럼 그렇게 얻은 행복이야말로 진정한 행복인 것입니다. 감나무 밑에서 아무리 입을 벌리고 있어도 감은 입으로 떨어지지 않습니다. 감을 먹기 위해서는 장대로 감을 따거나 그렇지 않으면, 나무에 올라가 감을 따야만 합니다.

행복은 저절로 찾아오지 않습니다. 행복을 찾기 위해 애쓰는 사람에게만 행복이 찾아오는 것입니다. 먹는 일도 사는 일도 그 자체로 목적이 아닐지라도 훌륭하고 즐거운 일입니다.

행복해지길 원한다면 그 행복을 위해 준비하는 태도로 살아야 하겠습니다.

참된 행복

행복에는
여러 가지 형태가 있다.
돈에서 오는 행복, 지위나 명예에서 오는 행복, 사업
에서 오는 행복, 그러나 온전히 그것만으로 행복이 오래가는
것은 아니다. 이성의 빛깔로 조화된 것이라야 한다. 이성의 빛으로
얻은 행복은 무엇보다도 귀중하다.
그러한 행복은 '다이아몬드'와 같이 변하지 않는다. 그러나 변하지 않는다는
것은 매우 어려운 일이다. 사람에게는 빈부의 차이가 있고 재주와 능력의
차이도 제각각 다르다. 그러나 이성의 힘만은 누구나 공평하게 부여되어 있다.
돈이 많다고 해서 이성이 더 맑은 것도 아니고, 돈이 없다고 해서 이성이 더
무딘 것은 아니다. 이성의 힘은 누구나 기본적으로 갖추고 있다. 그러므로
진정 행복에 이르는 길은 모든 사람에게 주어진 거라고 볼 수 있다.

-스피노자

물질에서 오는 행복은 그 물질이 달아나 버리면 그것으로 끝입니다. 지위에서 오는 행복은 지위가 떨어져 나가면 그만이고, 명예에서 오는 행복이나 사업에서 오는 행복 또한 명예가 떨어지고 사업이 망하면 그것으로 끝이 나는 것입니다.

 그러나 이성으로 오는 행복은 이성의 힘이 자신에게 발휘하는 한, 늘 푸른 소나무처럼 변함없이 자신에게 행복한 마음을 줍니다.

 '이성의 힘'은 놀라운 것입니다. 사람의 중심을 바로 서게 하는가 하면, 논리적이고 어떤 일에 있어 감정을 억제시킴으로 일을 실수 없이 마무리 짓게 합니다.

 하지만 감정感情은 이성과 달리 비논리적이고 기분에 따라 좌우되므로 허점이 많고 실수가 따르는 경향이 있습니다. 돈이나 물질이나 명예나 사업은 일종의 감정과도 같은 것입니다. 손안에 있을 때에는 기분이 좋고 행복한 마음이 들지만, 자신의 손에서 벗어나게 되면 허탈한 마음에 불행을 느끼게 됩니다. 그리고 자꾸만 예전 일에 집착하여 현실을 비관하게도 됩니다.

 이성은 늘 일정한 마음을 유지시키는 힘이 있습니다. 그러므로 참된 행복을 원한다면 물질이나 지위 명예에 기대를 걸지 말고, 이성의 빛에 기대 보아야 합니다.

마음을 넓고 크게 갖자

마음이 넓고 크면 사물이나 사람을 대하는 것에 있어서 관대해지고 담대해지지만 마음이 좁고 작으면 옹졸하고 비굴해지기 십상입니다. 마음이 넓고 큰 사람은 그 마음으로 인해 행복해지기 쉬우나, 마음이 좁고 작은 사람은 그 마음으로 인해 행복을 느끼거나 받아들일 여유가 없습니다. 행복에 대한 시야가 마음에 따라 달라집니다.

우주가 넓듯이 사람도 그 마음의 세계를 넓게 가질 수가 있다.
좁은 생각 속에 푹 박혀있기 때문에 시야가 좁아지고 단단한 머리가
되어버리는 것이다. 손가락으로 뚫은 구멍으로 세상을 보지 말고 창문을 열어젖히고,
가슴을 펴고 세상을 볼 필요가 있다. 단단하게 굳어버린 생각과 좁은 사고방식으로
자기를 결박하지 말고, 좀 더 넓은 마당으로 뛰어나올 필요가 있다.
—라. 로슈푸코

　이 말처럼 손가락으로 뚫은 구멍으로 세상을 보면 꼭 그 크기만큼의 행복을 얻게 됩니다. 창문을 활짝 열고 세상을 보면 또한 그 크기만큼의 행복을 얻게 됩니다.
　진정 큰 행복을 원한다면 마음을 넓고 크게 한 다음, 세상을 바라보는 눈을 가져야 할 것입니다.

내가 찾는 행복

▶

> 한 벌의 의복을 우리가 다른 사람에게 줄 수도 있고 혹은 얻을 수도 있다. 다른 누군가에게 얻은 물건에도 어느 정도의 기쁨은 있으나, 어딘지 마음이 떳떳하지 못하다. 내 힘으로 번 돈으로 천을 끊어 내 손으로 해 입은 옷에 비할 바가 아니다. 행복은 주울 수도 없고 얻을 수도 없다. 오직 내 힘으로 만들어내는 물건이다. 같은 의복이라도 그 속에 내 힘이 들어있을 때에야 비로소 기쁜 것이다.
>
> -알랭

사람들 중에 어떤 이들은 다른 사람의 힘을 딛고 성공을 꾀하고 행복을 얻으려고 합니다. 이것은 어리석은 사람들의 그릇된 삶의 방법으로 기회주의적인 근성에 기인한 것입니다.

다른 사람에게 얻어먹는 밥은 일시적으로 맛이 있을지 모르나, 잘못이라는 것을 느끼게 되는 순간부터 양심의 가책을 느끼고 부끄러운 마음이 들어 도대체 맛을 볼 수조차 없이 비관적인 생각이 들 것입니다.
　다른 사람에게 받는 것보다 다른 사람에게 주게 될 때 행복을 느끼게 되고 행복의 무게 또한 달라집니다. 다른 사람에게 의지하는 삶과 행복, 즉 다른 사람의 배경으로 출세를 하거나 어찌해 보려는 생각은 아예 싹을 잘라버려야 합니다.
　스스로가 찾아가는 행복, 그 행복을 위해 자신의 소중한 땀을 흘리게 될 때 비로소 행복이란 것도 맛보게 될 것입니다.

가까운 곳에 있는 행복

무지개가 아름답고 화려하게 보였습니다. 금방이라도 소년의 손에 잡힐 것만 같았습니다. 그러나 그 무지개를 좇으면 좇을수록, 가까이 가면 갈수록 점점 멀어져만 갔습니다. 소년의 머리가 하얗게 되었어도 그 무지개는 늘 같은 거리만큼 떨어져 있었습니다. 그가 '무지개'란 허황된 생각이었다는 것을 깨달을 때 그 깨달음은 뼈저린 것이었습니다. 진실한 행복은 아름답고 화려한 것에만 있는 것이 아니라 자기 주변 가까이에 있다는 걸 몰랐던 것입니다. 소년이 작고 보잘 것 없는 것에서 얼마든지 삶의 기쁨이 있다는 것을 믿게 되었을 때는 힘이 다 빠져 생의 끝자락에 이른, 너무나 긴 시간을 소비한 뒤였습니다.

손에 잘 닿지 않는 것은 그만큼 갖기가 힘들고 어렵습니다. 어떤 상황에서는, 가질 수 있다는 생각마저 자신을 불행하게 한다는 것을 알아야 합니다.

너무 큰 데서, 너무 먼 데서 자신의 삶과 행복을 찾으려 하지 말고 비록 보잘 것 없어 보이지만, 거기에도 분명 자신을 기쁘게 하는 행복이 숨 쉬고 있다는 것을 명심해야 합니다. 행복은 언제나 주변에 있지 멀리 있지 않습니다.

> 인간은 멀고 높은 곳만 보는 습성이 있기 때문에 정작 발길에 뒹굴고 있는 행운을 볼 줄 모르고, 대개는 손에 닿지 않는 것만 잡으려 하고 있다.
> —핀다로스

주는 행복

▲

행복의 의미는, 사랑하는 이에게 사랑을 주는 것, 바로 자기희생적인 사랑을 통해 행복을 느끼는 것에 있다고 알고 있습니다.

하지만 저를 포함한 대부분의 사람들이, 받아야만 자신이 행복하다는 것을 느낍니다.

베푸는 것은 어딘지 모르게 아깝고 괜히 손해 보는 것 같다는 생각 때문에 주저합니다. 그러나 자신이 다른 사람으로부터 무엇인가를 받게 되면 상대로부터 대우받고 있는 느낌이 들어 기분이 좋아지고 행복을 느낍니다. 이런 마음이 드는 것은 이기적인 마음에서 오는 어쩔 수 없는 병폐라는 생각입니다.

사랑하는 것은
사랑을 받느니보다 행복하나니라
오늘도 나는
에메랄드빛 하늘이 환희 내다뵈는
우체국 창문 앞에 와서 너에게 편지를 쓴다

행길을 향한 문으로 숱한 사람들이
제각기 한 가지씩 생각에 족한 얼굴로 와선
총총히 우표를 사고 전보지를 받고
먼 고향으로 또는 그리운 사람께로
슬프고 즐겁고 다정한 사연들을 보내나니

세상의 고달픈 바람결에 시달리고 나부끼어
더욱더 의지 삼고 피어 헝클어진 인정의 꽃밭에서
너와 나의 애틋한 연분도
한 망울 연연한 진홍빛 양귀비꽃인지도 모른다

사랑하는 것은
사랑을 받느니보다 행복하나니라
오늘도 나는 너에게 편지를 쓰나니

그리운 이여 그러면 안녕
설령 이것이 이 세상 마지막 인사가 될지라도
사랑하였으므로 나는 진정 행복하였네라

-유치환,〈행복〉

사랑하는 이에게 조건 없는 사랑을 주게 되면 더 큰 행복과 삶의 기쁨을 누리게 된다는 이 시의 의미는 그래서 더욱 사람들에게 감동을 줍니다.

봉사활동을 하거나 남을 도와주었을 때 느끼는 그 기분은 느껴본 사람이 아니고서는 도저히 느끼지 못할 법한 심정입니다. 왠지 모르게 마음이 환해지며 가슴 저 깊은 곳으로부터 기쁨이 뭉게구름처럼 솔솔 피어오르는 것을 느끼는데, 이것이 바로 남에게 베푼 사랑에 대한 커다란 대가가 아닌가 싶습니다.

사랑을 주는 것이 받는 것보다 행복하다는 이 시의 시구처럼 먼저 다가가 손을 내밀고 사랑하는 능동적인 삶은 그래서 더욱 아름다운 것입니다.

행복을 찾는 당신에게

▶

　사람은 누구나 행복해지길 원하고 행복해질 권리가 있고, 어느 누구도 행복을 막을 권리가 없습니다.
　행복하기 위해서는 좋아하는 감정에 익숙해지고, 사랑하는 마음으로 자신의 마음을 가득 채워야 합니다. 그리고 행복을 가로막는 것이 있으면 무엇이든 깨끗이 치워버려야 합니다.
　코이케 류노스케가 쓴 《생각 버리기 연습》이라는 책에서 왜 생각을 버려야 하는지 이렇게 말해주고 있습니다. 현대인들은 급변하는 현대를 따르기 위해 쉴 새 없이 생각하고 또 생각을 합니다. 그렇게 하지 않으면 경쟁에서 밀린다는 압박감으로, 스스로를 생각의 울타리 안에 가둬 놓습니다. 이러한 삶을 방치해 두면 마음의 병이 들어 불행해집니다. 사람들은 이에 대해 잘 알고 있지만 뒤처지지 않기 위해 아등바등하고 있습니다.
　하지만 생각을 버릴 땐 버려야 하는 것입니다. 버리지 못하고 그대로 두

면 과부하가 걸리게 되므로 오히려 아니함만도 못하게 됩니다.

버려서 행복해지는 삶을 잘 보여준 인물, 《월든》의 헨리 데이빗 소로우는 일찍이 물질문명이 오히려 사람을 불행하게 할 수 있다는 것을 간파해, 문명을 거부하고 숲 속 작은 움막에서 지냈습니다. 그는 꼭 필요한 만큼만 심고 거두며 살았고, 버림으로써 즉 비움으로써 사람이 얼마든지 행복해질 수 있다는 것을 보여주었습니다. 그리고 또 한 사람, 〈무소유〉의 법정 스님 역시 대표적인 무소유의 실천자였습니다. 그는 아는 사람으로부터 선물 받은 화분 때문에 맘 놓고 암자를 비우지 못합니다. 간혹, 어디를 가더라도 화분의 꽃을 죽일까 염려해 급히 돌아오기 일쑤였습니다. 꽃이 생명을 가진 존재이니 생명을 중시하는 법정으로선 함부로 대할 수 없었습니다. 그러는 가운데 그는 깨닫습니다. 지극히 작은 것도 마음으로부터 평안을 얻지 못한다면, 그 역시 욕심이라고 말입니다.

> 사랑은 사랑하는 자의 것이며
> 행복을 찾는 자의 아름다운 선물입니다.
>
> 미움은 미워하는 자의 것이며
> 시기와 질투를 일삼는 자의 소유물입니다.
> 행복하기를 원하는 당신이여,
> 사랑하는 마음으로
> 그대의 생각을 가득 채우십시오.
>
> 가난한 마음도
> 부유한 마음도, 미움의 마음도,
> 질투의 마음까지도
> 행복할 수 있다는 신념으로
> 가득 채우십시오.
>
> 행복을 찾는 당신이여
> 당신의 노력이 헛되지 않게

늘 새로움에 익숙해지고
버릴 것은 버리고
깨어 있는 생각으로 그 길을 걸어가십시오.

사랑은 사랑하는 자의 것이며
행복은 행복해지기를 원하는 자의 것입니다.
―김옥림, 〈행복을 찾는 당신에게〉

 저도 살아오는 동안 느꼈던 '비움'과 '사랑의 채움'에 대해 써보았습니다.
 이 시에서, 사랑은 행복을 찾는 이들이 받은 아름다운 선물이라고 했습니다. 행복과 사랑은 '실과 바늘'의 관계와 같습니다.
 사랑에 빠진 이들은, 행복감으로 눈이 반짝이고 얼굴이 싱그러운 꽃처럼 환합니다. 그러나 그러려면 이기심과 상처 주는 말을 버려야 합니다. 탐욕과 헛된 꿈인 마음의 찌꺼기를 버려야만 행복도 찾아오는 것입니다.

행복에 공짜가 있는가

▶

행복하게 지내는 대부분의 사람은 노력가이다 게으름뱅이가 행복하게 사는 것을 보았는가 노력의 결과로 오는 어떤 성과의 기쁨 없이는 그 누구도 참된 행복을 누릴 수가 없다. 수확의 기쁨은 그 흘린 땀에 정비례하는 것이다.

-블레이크

높이 나는 새가 멀리 보고 새벽에 일어나는 새가 더 많은 먹이를 먹는 법, 다시 말하면 행복은 노력하는 사람의 것이다. 사실 행복하기 위해 공을 들여 본 사람만이 그 보람을 압니다. 가만히 앉아있는 사람에겐 먹을 것이 생기지 않죠.

행복은 열정의 노력과 함께 옵니다.

먹을 것을 찾기 위해 부지런히 움직이는 사람에게 먹을 것이 생기는 것은 너무도 당연합니다. 봄에 씨앗을 뿌리고 잘 가꾸고 보살펴야 가을에 기

쁨의 추수를 할 수 있는 것처럼 행복에도 예외는 없습니다.

   공짜로 행복을 얻으려고 하지 마십시오.

   노력해서 얻은 행복이야말로 진정한 행복이며, 그러한 행복은 오래도록 입가에 잔잔한 기쁨을 남깁니다. 기쁨의 향기를 퍼뜨리는 삶이 되시기를 바랍니다.

도덕적인 행복

▸

인생에 있어서 무엇이 행복한 것인지 가르치는 바가 무궁무진하지만, 도덕적으로 안심을 얻은 사람이 가장 행복한 사람일 것이다. 도덕적으로 안심한 사람은 마음이 언제나 따스한 온기에 차 있다. 사람이 도덕적으로 안심을 못할 때에는 마음의 한 모퉁이가 언제나 싸늘하다. 그렇기 때문에 자신의 마음을 따스하게 보전할 수 있도록 행동하는 것이 행복을 갖는 일이다. 불행한 사람을 보면 그 말과 행동이 언제나 부드럽지 못하고 평화롭지 못하고 난폭하며 살기를 띠고 있다. 따라서 그 마음속은 언제나 차디찬 바람이 불고 있다.

-채근담

사람들은 보통 '행복'을 떠올리면 물질 지위 명예에서 찾으려 하고, 또 그것을 성취했을 때의 기쁨을 겨워합니다. 그런데 채근담에는 '도덕적으로 안심한 사람'이 진정한 행복을 얻는다고 합니다. 도덕적으로 안심한 사람

은 그 마음이 따스해서 상대방에게도 부드럽고 온화한 마음으로 대하니, 행복한 마음을 줄 수가 있다는 것입니다.

　반면 비도덕적인 사람은 말과 행동이 평화롭지 못하고 난폭해서 자신은 물론 다른 사람에게도 좋지 않다고 말합니다.

　마음이 강퍅하면 그에게 기쁨을 느끼고 행복한 마음을 가질래야 가질 수 없습니다.

　물론 이 글에는 유교적인 색채가 짙게 나타나 있기는 해도, 마음에 새기고 행동한다면 스스로가 행복한 마음을 갖게 되리라 믿습니다.

가난의 행복

자신이 많은 재물을 가지고도 더 많이 가지려고 하며, 나보다 더 많이 가진 사람이 있다면 그보다 불행하다고 생각합니다. 또 자신보다 지위가 높은 사람들을 보며 자신은 불행한 사람이라고 여기기도 합니다.

그렇지만 마음이 가난한 사람은 작은 일에도 감사하게 되고 그래서 더 크고 많은 일에도 감사를 합니다. 성서에서는 부자로 사는 사람이 천국에 들어가는 것은 낙타가 바늘구멍으로 들어가는 것보다 어렵다고 합니다.

많은 것을 가진 대부분의 사람들은 없는 사람들을 깔보고 무시하며 자신의 부를 자랑하는 것을 낙으로 삼습니다. 이들은 대단히 오만불손하여 대부분은 그것이 잘못된 일이라는 것조차 모릅니다. 작은 일에 감사할 줄도 모르고, 경거망동하여 민심을 어지럽히곤 합니다.

"불안스러운 마음으로 풍부하게 사느니보다 두려움과 걱정 없이 부족한 생활을 하는 것이 오히려 행복하다."라고 말한, 에픽테토스의 말을 참고할 만합니다.

가진 것이 없다는 것은 신에 접근하는 것이다. 사람이 가난하면 감격하기 쉽다. 마음이 비었고 겸허하기 때문이다. 가진 것이 없고 늘 부족하게 지낸다는 그 자체가 가난한 사람으로 하여금 겸허하게 하고 감격케 하는 것이다.

-페스탈로치

　　마음이 가난하고 물질이 없어야 행복하다는 것은 보통의 사람들로서는 선뜻 이해가 가거나 공감이 되지 않는 말입니다. 수행의 길을 걷는 사람들의 마음에나 새길 듯한, 엄숙하고 형이상학적인 이야기로 들립니다.
　　그러나 곰곰이 생각해 보면 그리 어려운 이야기도 아닙니다.

　사람에 따라서 행복의 기준이나 가치가 다르다는 사실을 우리는 너무나 잘 알고 있습니다. 그러므로 자신이 진정, 행복한 인생을 살고 싶다면 행복할 수 있는 삶의 기준을 정해서 그대로 살아가는 겁니다. 그것만이 자신을 최선으로 행복하게 하는 길일 테니까요.

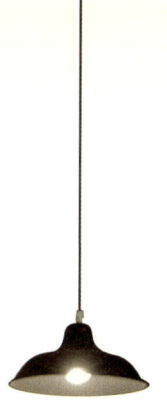

풍요로운 삶을 위한
마음의 숲길

3

결과를 미리 아는 삶

▶

　사람은 살아가면서 자신의 존재를 느끼고 깨닫는 만물의 영장입니다. 따라서 내일 무슨 일이 일어날 것인지에 대해 전혀 안달할 필요가 없습니다. 앞으로 일어나게 될 자신의 모든 삶을 미리 볼 수 있게 된다면 목적의식은 물론 삶에 대한 흥미를 잃어버리게 될 것입니다. 삶이란 약간의 신비함과 기대감이 주어질 때 더욱 애착을 갖게 됩니다.

　만약, 내일의 삶이 온통 고통으로 점철되어 있다면 그 누가 내일을 살고 싶어 하겠습니까? 때문에 결과를 미리 아는 삶은 긍정을 남긴다기보다 부정적인 부분이 많아지게 될 뿐입니다.
　그럼에도 불구하고 많은 사람들이 내일의 삶이 궁금하여 점집을 찾아갑니다. 그로 인해 점집은 수많은 사람들의 발길로 문지방이 닳아버릴 지경이라고 합니다.

 결과를 미리 알려고 애쓰지 마십시오. 결과를 아는 삶도, 또 그 결과를 미리 알게 해주는 사람도 없습니다. 그것은 오직 인간을 만들고 우주를 창조하신 하나님만 아시는 일입니다.

 그러므로 우리가 할 수 있는 일이 있다면 오늘도, 내일도, 모레도 자신에게 주어진 삶을 열심히 사는 것입니다. 열심히 살다보면 노력에 대한 대가가 반드시 주어지게 될 테니까요.

 이런 삶의 자세야말로 하나님에 대한 인간의 예의이자, 한치 앞을 모르는 '나'에 대한 예의이기도 합니다.

사람답게 사는 하루

▶

사람은 누구나 착한 일을 향하여 자기 자신을 높이고 발전시키지 않으면 안 된다. 신은 우리에게 충분한 선을 준 것은 아니다. 다만 우리가 올바르게 살 수 있는 가능성을 보증하였을 뿐이다. 그렇기 때문에 누구나 자기의 힘으로 자기를 더욱 좋게 이끌어가도록 노력하지 않으면 안 된다.
그 목적을 달성하는 것이 인생이다.

-임마누엘 칸트

많은 사람들이 흔히 인생의 목적을 잘 먹고 잘 사는 것, 이름을 후세에 남기는 것쯤으로 생각하는 것 같습니다. 그런데 칸트는 착한 일을 통해 자신을 높이고 발전시키라고 말하고 있습니다.
또한 그것을 위해 노력하지 않으면 안 된다고 강조하고 있습니다. 물론 이것은 비범한 사람으로서 갖는 삶의 마음가짐이라고 할 수 있겠습니다.

하지만 사람이라면 누구나 그러한 마음가짐으로 살아야 하지 않을까 생각합니다. 착한 일을 하는데 많이 배우고, 지위가 높아야 하고, 돈이 많아야 한다는 것 등 어떤 자격조건이 필요한 건 아니니까요.

　인생의 목적을 그저 이름이나 내고, 잘 먹고 잘 입고 잘 사는 것에만 둔다면 그것은 생각 없는 돼지들이나 하는 짓에 지나지 않습니다.

　'착하게 사는 것에 인생의 목적이 있다'는 칸트의 말을 잘 새겨 실천할 수 있다면, 그것이야말로 가장 사람답게 살 수 있는 길이라고 생각합니다.

마흔두 번째 아침

질서의 미

사람이 살아가는 데 있어 순리를 따라 살아야 하지만 그렇지 못한 경우를 만나기도 합니다. 순리란 사람이 살아가는데 있어서 지켜야 할 도리나 이치에 대한 순종을 말함인데, 일이 잘못되었을 경우를 보면 대부분 순리에서 벗어난 예가 많음을 볼 수 있습니다. 다시 말해서 순리를 거스르면 하던 일마저 그르치게 될 때가 많다는 것입니다.

우리는 순리를 거스른 예를 동서고금을 통해 무수히 보아왔습니다. 순리를 거스르고 질서를 파괴시킴으로 말미암아 윤리와 도덕성이 무시되었고, 이로 야기된 혼돈이 결국 자멸의 길로 접어들게 하는 경우를 말입니다.

순리를 따르는 방법론에 대해 쉽고 자연스럽게 표현한 시를 소개합니다. 이 시를 통해 순리의 아름다움에 대해 음미해 보는 것도 의미가 있으리라 생각합니다.

그대 길 가다가 향기로운 꽃을 보면
향기로운 꽃이 되라
돌을 만나면 주춧돌이 되고
나무를 만나면 사시사철 푸른 소나무가 되라

그대 길 가다가 우연히 시내를 만나면
속살 훤히 내비치는 시내가 되라
강을 만나면 고요한 강이 되고
바다를 만나면 용솟음치며
사철 넘실거리는 바다가 되라

그대 길 가다가 어쩌다 새를 만나면
기쁨으로 노래하는 새가 되라

달을 만나면 풍성한 달이 되고
별을 만나면 늘 꿈꾸는 하늘이 되라

그대 길 가다 보면
그대도 길이 되나니

-김옥림, 〈그대 길 가다가〉

향기로운 꽃을 만나면 향기로운 꽃이 되고, 새를 만나면 기쁨으로 노래하는 새가 될 때 진정한 자유와 평화가 찾아온다는 게 이 시의 중심표현입니다. 따라서 순리의 법칙은 사람과 자연의 질서를 평탄케 하는 지름길임을 잊지 말아야 하겠습니다.

살아간다는 것은

나는 지금껏 살아오는 동안 절망을 끌어안고 뒹굴면서도 목숨을 다하여 성공적인 삶을 살다 간, 또 현재 그렇게 살고 있는 사람들을 무수히 보아왔습니다.

그들이 말하는 한결 같은 공통점은 "할 수 있다는 믿음만 잃지 않고 노력한다면 반드시 일어날 수 있는 기회가 온다."라는 것입니다.

그렇습니다. 이 말은 교과서적인 말입니다만 그 어떤 말보다도 진정성을 주는 말이라고 할 수 있습니다.

삶은 공짜도 없고, 에누리도 없는 절대적인 것입니다.

삶은 우리에게
오지 않을 기회를 주지 않는다
우리가 마음 졸이며 기다리는 동안도
삶은 늘 가까이에서 서성거리는
코발트빛 여인 같이 우리를 바라보고 있다

삶은 우리에게
극복하지 못할 시련을 주지 않는다
우리가 이룰 수 없다고 믿는 믿음 속에서도
삶은 아침햇살에 깨어나는 이슬처럼
늘 경쾌하고 산뜻하다

삶은 우리에게
보이지 않는 소망을 주지 않는다
마지막 열차가 떠나 버린 듯한
허무와 눈물 속에서도
삶은 하얀 손을 내밀어 휘청거리는
우리를 일으켜 세운다

그러하기에 보이지 않던 길에서도
꽃이 피고 안개 낀 겨울 아침 같은
고독 속에서도 새들은 제 갈길 가듯

삶은 숨겨진 보석을 캐듯
신비로운 동굴이다

－김옥림, 〈삶은 우리에게〉

이 시에서도 볼 수 있듯 '지겨운 삶'이 아니라 '삶은 신비로운 동굴'임을 알고, 부지런히 살아가게 되면 자신만의 파라다이스가 펼쳐집니다. 주어진 삶이 때때로 자신을 외롭게 하고 아프게 해도 끌어안고 사랑해야 합니다.

마흔네 번째
아침

기본적인 본분

▶

사람이 살아가는 데 있어 지켜야 할 기본적인 본분이 있습니다. 기본적인 본분을 지킴으로써 나와 너, 우리가 조화롭게 살아가게 되고, 그로 인해 우리 사회는 아름답게 유지되는 것입니다.

다음은 사람이 지켜야 할 기본적인 본분입니다.
첫째, 절대로 경거망동하지 말 것과 한 번 더 생각해보고 코앞에 주어진 일을 하는 것. 둘째, 자기의 이익을 위해 남을 해치지 말며 자신이 최고라는 자만에 빠지지 말 것. 셋째, 겸허하고 온유한 마음을 기르고 남을 비난하지 않으며 쓸데없이 상대방과 경쟁하지 말 것. 넷째, 나보다 상대를 높여주고 서로 돕는 일에 주저하지 않을 것. 다섯째, 착하게 살되 아름다운 꿈과 이상을 품고 목표를 향해 최선을 다할 것. 여섯째, 헛된 욕망에서 자유롭게 벗어나 부끄러운 일에 물들지 않을 것. 일곱째, 믿음으로 상대방을 대하고 어떤 경우에도 정직할 것. 여덟째, 믿음으로 상대를 대하면서 어떤 일에 있어서도 불의와 타협하지 않을 것. 아홉째, '나'의 삶을 함부로 여기지 않고 존중할 것.

　사람이 동물 중에 으뜸인 것은 자신의 본분을 아는 까닭입니다. 그것이 다른 동물과의 삶을 구분하는 '절대적인 잣대'라는 사실을 가슴 깊이 새겨야 합니다.

현명한 읽기

▲

> 인생은 한 권의 책과 같다. 어리석은 사람들은 아무렇게나 책장을 넘기지만, 현명한 사람들은 공들여 책을 읽는다. 왜냐하면, 그들은 단 한 번밖에 그것을 읽지 못함을 알고 있기 때문이다.
>
> -장 파울

    장 파울은 인생을 한 권의 책으로 비유를 했는데 참으로 그럴듯한 말입니다.

    책은 정독을 해야 그 책 속에 들어있는 주제와 표현력 그리고 내용에 대해 정확히 알 수 있습니다. 우리말에 '수박 겉핥기'라는 말이 있듯 책을 그런 식으로 읽는다면 책을 다 읽고 나서도 무엇을 읽었는지에 대해 아리송할 때가 많습니다.

    책 읽는 것조차 공을 들여서 읽어야 하거늘 하물며 삶은 어떠하겠습니

까. 자신의 삶을 얼렁뚱땅 대충 살아서는 안 된다는 이 말의 의미에서 정문일침의 번뜩이는 지혜가 돋보입니다.

현명한 사람은 멀리 내다보며 꾸준한 자기 성찰을 하지만, 아둔한 사람은 눈에 보이는 것만 좇다 한 세월을 보내고 맙니다.

인생은 누구에게나 일회전뿐인 인생입니다. 그 일회전뿐인 인생을 무가치하게 보낼 수는 없는 노릇입니다. 먹고 마시는 것이 인생의 목적이라면 그것처럼 불행한 삶이 어디 있겠습니까.

사람은 생각하는 동물입니다. 그리고 창의적인 동물입니다.

자신의 복된 삶을 위하여 공을 들이는 사람만이 행복한 삶을 살 수 있고, 또 그로 인해 다른 사람들에게 넘치는 기쁨을 선사합니다.

삶의 법칙

▶

우리가 희망을
포기하지 않는 한

희망 또한
우리를 버리지 않는다
-김옥림,〈삶의 법칙〉

나는 전업 작가로 오직 글을 써서 밥을 먹고 사는 사람입니다. 사실, 우리나라처럼 열악한 출판시장에서 글만 써서 밥을 먹는다는 것은 여간 어려운 일이 아닐 수 없습니다. 그런 이유로 대다수의 시인들이나 작가들이 직장을 가지고 있어, 생계를 유지하고 있습니다.

하지만 나와 같이 직업을 가지지 않고 전업 작가로 사는 사람들은 늘 궁핍한 삶 속에서 허덕이며 살 수밖에 없습니다.

책이 팔리는 데에 따른 인세나 작품 원고료에 의지해 살다보니 수입이라는 것이 일정하지가 않습니다. 그래서 가끔은 '목구멍이 포도청'이라 어쩔 수 없는 일이야'라는 위안을 스스로에게 하며 문학 강연이나 강의실을 기웃거리기도 합니다.

그러나 그마저 없게 되면 끝이 보이지 않는 캄캄한 터널을 암담한 기분으로 걷는 느낌을 받는데 그런 때가 한두 번이 아닙니다. 그렇다고 내 목숨과도 같은 글쓰기를 쉽게 손 놓아버리지도 못하는 형국입니다. 수없이 절망하고 또다시 희망을 갖는 일을 반복하게 되지요. 외롭고 쓸쓸하고 힘겨워질 때마다 이 시를 몇 번이고 읽어보면서 축 늘어진 내 어깨를 추스르곤 합니다. 삶에도 저 나름대로의 법칙은 있으니까요.

우리가 알고 있는 성공적인 삶을 사는 사람들은 앞날이 까마득하고, 죽음보다 깊은 절망 속을 허우적대면서도 절대로 희망의 끈을 놓지 않습니다. 아니, 오히려 더욱 세게 부여잡고 결국 삶의 아름다운 승리자가 되어 사람들에게 큰 용기를 주고 귀감이 되어 주죠.

시련은 형벌이 아닌, 우리 앞에 놓인 또 다른 길을 여는 촉매제이자 지표가 되어주며 보다 나은 삶을 예고하는 희망의 작은 불씨입니다.

가지 않는 길

노랗게 물든 숲 속에 두 갈래 길이 있었습니다.
몸이 하나니 두 길을 다 가볼 수는 없어
나는 서운한 마음으로 한참 서서
덤불 속으로 접어든 한쪽 길을
끝 간 데까지 바라보았습니다.

그러다가 다른 쪽 길을 택했습니다.
먼저 길과 똑같이 아름답고 어쩌면 더 나은 듯도 했지요.
사람이 밟은 흔적은 먼저 길과 비슷했지만,
풀이 더 무성하고 사람의 발길을 기다리는 듯했으니까요.

그 날 아침 두 길은 모두 아직
발자국에 더럽혀지지 않은 낙엽에 덮여 있었습니다.
아, 먼저 길은 다른 날 걸어보리라! 생각했지요.
길은 길로 이어지는 것이기에
다시 돌아오기 어려우리라 알고 있었지만

오랜 세월이 흐른 다음
나는 한숨지으며 이야기를 할 것입니다.
"두 갈래 길이 숲 속으로 나 있었다. 그래서
나는 사람이 덜 밟은 길을 택했고,
그것이 내 운명을 바꾸어 놓았다"라고.

이는 미국 자연주의 시인 로버트 프로스트의 〈걸어보지 못한 길〉입니다. 저는 이 시를 참 좋아하는데 거기엔 그만한 이유가 있습니다. 프로스트는 무욕無慾적인 삶을 살았습니다. 그는 평생을 시골에서 보내며 자연으로부터 삶을 깨쳤고 그것을 시로 표현했습니다. 그에게 있어 자연은 철학자였으며, 인생이자 소망 그리고 생의 원천이었습니다.

자연과 더불어 삶을 사는 동안 그가 깨달은 것은 '욕심을 버리고 자연과 삶에 순응하자'는 것이었습니다. 그것이 삶을 가치 있고 소중하게 여기는 유일한 길이라는 것을 배우게 된 것입니다. 그의 이런 사상은 〈걸어보지 못한 길〉 2연에 잘 나타나 있습니다.

그러다가 다른 쪽 길을 택했습니다.
먼저 길과 똑같이 아름답고 어쩌면 더 나은 듯도 했지요.
사람이 밟은 흔적은 먼저 길과 비슷했지만,
풀이 더 무성하고 사람의 발길을 기다리는 듯했으니까요.
― 2연

프로스트가 추구하는 삶의 길은 '풀이 더 무성하고 사람의 발길을 기다리는 듯'한 길입니다. 풀이 무성하다는 것은 사람의 발길이 미치지 않았다는 것이고, 설령 발길이 미쳤다 해도 극히 소수에 지나지 않아 흔적이 남지 않은 길입니다.

이런 길은 사람들이 잘 가지 않는 길입니다. 때문에 가시도 있을 것이고, 돌부리가 깊은 큰 돌도 있을 것이고, 전갈이나 뱀과 같은 독을 지닌 곤충이나 동물이 있어 위험한 길일 수밖에 없습니다.

대부분의 사람들은 편하고 고르게 잘 닦여진 길로 가기를 소망합니다. 그런데도 프로스트는 풀이 무성하고 거친 길을 택하는, 어쩌면 무모하고 어리석은 모습을 보여주고 있습니다.

그렇다면 풀이 무성한 길은 어떤 길일까요? 그 길은 실리를 좇는 길도 아니고, 명예로운 길도 아니고, 이익을 좇아가는 길도 아닙니다. 그 길은 다른 사람에게는 보잘 것 없지만 자신에게 있어서만큼은, 온 삶을 내던져 후회 없는 삶을 보낼 수 있는 은혜로운 길을 의미하는 것입니다.

어떤 사람은 단돈 만원이 있어도 "어, 아직까지도 만원이나 남았네!"하고 말하는가 하면, 또 다른 사람은 "어, 겨우 만원밖에 안 남았잖아!"라고 말합니다. 어떤 정황에 대한 인식의 차이에서 오는 것인데 그 인식의 관점을 어디다 두느냐에 따라 각기 다른 삶의 모습을 보이게 되는 것입니다.

독이 있는 버섯은 모양새가 예쁘고 색깔 또한 화려합니다. 모양새가 예쁘고 화려한 것에 무서운 함정이 도사리고 있는 것입니다. 문제는 대부분의 사람들이 바로 이런 길을 찾아간다는 것에 있습니다. 프로스트는 이를 경계하라는 의미를 시를 통해 보여주고 있는 것입니다.

　남들이 찾지 않는 길을 걸어감으로 해서 사람들의 비웃음을 사고, 조롱거리가 된 사람들 중에는 인류 역사에 지대한 공헌을 한 사람들이 많다는 사실에 우리는 주목할 필요가 있습니다. 이들은 사람들이 잘 가지 않거나 찾지 않는 길을 택해 걸어감으로써 많은 시련과 역경, 또 그로 인한 고뇌와 번민으로 수도 없이 좌절을 해야만 했습니다. 하지만 그럴 때마다 완전한 절망이란 존재하지 않는다는 데에 희망을 갖고, 모든 역경을 극복하고 자신이 택한 길이 옳았음을 증명해 보였던 것입니다.

　자신이 걸어가야 할 길을 분명히 알고 가는 사람의 뒷모습은 아름답습니다. 왜냐하면 그에게는 확고한 의지와 분명하고도 적확한 자신만의 삶을 좇아가는 기개가 있기 때문입니다. 그리고 그런 사람에게는 비로소 맞이할 수 있는 행복한 미소가 기다리고 있습니다.

마흔여덟 번째 아침

자신을 독려하기

> 힘이 아직 그대를 버리기 전에 마음을 갈아 넣어라. 빛이 아직 남아 있을 때 기름을 넣어라. 절망이 너를 절망할 때까지 절대로 절망하지 말라.
>
> -서양 격언

이 말엔 끊임없이 자신을 위해 독려하고 그 어떤 어려움의 상황에서도 포기하지 말고 최선을 다하라는 의미가 담겨 있습니다. 현대를 살아가는 사람들 중에는 조금만 어렵고 힘든 일이 생겨도 쉽게 삶을 포기하고, 자신을 내동댕이치듯 체념에 빠지는 어리석은 사람들이 많습니다. 사람이란 존재는 무한한 꿈과 능력을 갖고 태어나는 축복받은 존재입니다. 그런데 삶을 포기한다는 것은 우리에게 무한한 능력을 축복으로 주신 절대자에 대한 모독입니다.

그렇습니다. 사람은 누구나 실패를 할 수 있는 것이고, 그 실패는 사람이기 때문에 당연히 하게 되는 실수입니다. 실패를 하지 않는 사람은 아무도 없습니다.

 신이 아닌 이상, 사람이라면 누구나 실패를 하는 것은 지극히 당연한 일입니다. 그런데 사람들은 실수를 하거나 자신의 삶이 실패했다고 믿었을 때, 아직까지도 남아있는 힘과 빛을 스스로 포기하는 경우가 많이 있습니다. 이것은 감히 신에게 도전장을 내미는 것과 다름이 없습니다.

 역사를 짊어졌던 우리 인류의 선대들이 이런 나약한 삶을 살았다면, 우리는 지금과 같은 시대를 살지 못했을 겁니다. 그들은 수많은 자연의 변화와 횡포에도 굴하지 않고, 지혜와 용기로 그 힘난한 역사를 헤쳐 나와 오늘을 우리들에게 물려주었던 것입니다.

 삶에는 절대로 공짜가 없습니다.
 공짜를 바라는 삶은 그만큼 공허하고 뿌리가 없는 나무와 같습니다. 땀이 섞이고 힘이 보태져서 만들어진 삶이 떳떳하고 값집니다.
 절망하기 이전에 바늘 구멍만한 빛이 남아있는지, 혹은 공기 돌을 들 만한 힘이라도 남아있는지를 분명히 확인한 후에 대처해나가는 자세를 가져야 합니다. 이것은 자신을 끊임없이 독려하는 삶이 되는 까닭이기도 합니다.
 자신의 무능을 탓하기 전에 얼마만큼 자신을 독려해왔는지를 스스로에게 깨우치는 사람이 된다면, 반드시 길은 열립니다.

마흔아홉 번째 아침

자신을 돌아보라

아주 가끔은 지금 내 자신이 인생의 어디쯤에 와 있는지 살펴볼 필요가 있습니다. 자신이 세워 놓은 그 길을 제대로 가고 있는지 말입니다.

물론 살펴본 후, 지금 자신이 서 있는 길이 원래의 뜻과 다르다고 해서 실망을 하거나 인생을 다 산 사람처럼 체념할 필요는 없습니다. 당신에겐 무한한 가능성이 있으니까요. 그 가능성을 포기하지 않는 한, 희망 또한 그 사람을 포기하는 일 없이 인내심을 갖고 기다립니다.

> 사람들은 자신의 환경에 대한 개선은 열망하면서도 자기 자신에 대한 개선에는 게을리 한다 이것이 그들이 속박에서 벗어나지 못하는 이유다
> —제임스 앨런

명상작가, 앨런의 말처럼 사람들은 대부분 자신에게 주어진 열악한 환경이나 조건에서 대해서는 개선되기를 간절히 바라고 요구합니다. 하지만 자신의 나태함과 게으름, 나쁜 습관, 미루는 습관 같은 문제점들을 개선시키는 일엔 이상하리만큼 방치합니다.

　왜 그럴까요? 그것은 환경이나 조건은 눈에 띄는 것이라 금방 알아차릴 수 있어서일 겁니다. 가령, 회사의 작업환경이 좋지 않으면 쾌적하게 환경을 개선시켜 달라고 요구하게 됩니다. 그래야 일의 능률이 오른다는 것이지요. 이처럼 외향적인 것엔 매우 적극적으로 대응합니다.

　하지만 모순되게도 자신의 문제점을 개선하는 데는 아주 소극적입니다. 가끔은, 자신을 되돌아보며 점검하여 문제점이 발견되면 즉시 개선하여 풀어가길 바랍니다. 자신이 세웠던 그 길을 가는 자세가 중요합니다.

긍정하기

> 나는 절실한 소원 하나를 가지고 있다. 그것은 내가 이 세상에 태어난 까닭으로, 세상 일이 좋게 되어가는 것을 볼 때까지 살고 싶다는 것이다.

이 말은 아브라함 링컨이 한 말입니다.

미국의 역대 대통령 중에 "가장 위대한 인물이 누구냐."라는 설문조사에서 미국 사람들은 주저 없이 링컨이라고 말합니다. 뿐만 아니라 각 나라 사람들에게도 링컨은 훌륭한 인물로 평가받고 있습니다.

링컨은 집이 가난하여 정규교육을 제대로 받지 못한 사람입니다. 그러나 그는 책을 닥치는 대로 읽고 사색하고 홀로 학문을 익히며 지식을 키워나갔습니다. 독학으로 쌓은 그의 지식은 그 어떤 석학보다도 깊이가 있었고

　실력 또한 대단했습니다. 실력을 쌓은 그는, 누구 앞에서나 당당했고 학교를 나오지 못한 열등의식 또한 찾아볼 수 없을 정도로 매사에 긍정적이고 담대했습니다.

　그의 그런 긍정적인 삶이 그를 미국에서 가장 존경받는 대통령으로 만들었고 다른 사람이 하지 못한 노예해방을 이뤄냄으로써 인류 역사상 큰 업적을 남길 수가 있었습니다. 자신의 삶이 좋게 되어가는 것보다 세상 일이 좋게 되어가는 것을 볼 때까지 살고 싶다는 그의 말은 그래서 더욱 감동으로 다가옵니다.

　루소는 "산다는 것은 호흡을 하는 것이 아니라, 무슨 일인가를 하는 것이다."라고 했는데, 이 또한 호흡하는 데에 만족하지 말고 적극적이고 긍정적으로 살아야 한다는 의미를 담고 있습니다.

　매사를 긍정적으로 보는 눈과 마음은, 삶을 복되고 풍요롭게 할 가장 큰 선물임에 틀림없습니다.

소중한 만남을 위하여

▶

　살아가는 동안 많은 사람들을 만나게 됩니다. 좋은 인품을 가진 사람, 든든한 환경과 조건을 가진 사람, 지위가 높은 사람, 성격이나 취미가 잘 맞는 사람, 그리고 왜곡된 인격을 가진 사람, 열악한 환경 속에 있는 사람, 변변치 못한 사람 등등….

　하지만 만남이란 자체는 매우 의미가 있는 것이기에 좋은 만남으로 만나야 합니다. 소중한 만남은 쉽지가 않습니다. 소중한 만남을 위해서는 자신 역시 좋은 사람이 되어야 하니까요.

　나쁜 인연으로 맺어지게 되면 서로에게 불행만 안겨줄 뿐이지만, 아름다운 만남, 기쁜 만남, 가슴 벅찬 만남, 따뜻한 만남은 생각만 해도 뿌듯하고 행복해집니다.

나도 누군가에게
소중한 만남이고 싶다

내가 그대 곁에 있어
그대가 외롭지 않다면
그대의 눈물이 되어주고 가슴이 되어주고
그대가 나를 필요로 할 땐
언제든지 그대 곁에 머무르고 싶다

나도 누군가에게
꼭 필요한 만남이고 싶다

내 비록 연약하고 무디고
가진 것 없다 하여도
누구나에게 줄 수 있는 건
부끄럽지 않은 마음 하나

누군가가 나를 필요로 할 땐
주저 없이 달려가 손을 잡아주고
누군가가 나를 불러 줄 땐
그대 마음 깊이 남의 의미이고 싶다

나도 누군가에게
소중한 만남이고 싶다

만남과 만남엔
한 치의 거짓이 없어야 하고
만남 그 자체가

내 생애에 기쁨이 되어야 하나니

하루하루가
누군가에게 소중한 만남이고 싶다
― 김옥림, 〈나도 누군가에게 소중한 만남이고 싶다〉

이 시를 쓰게 된 동기는 만남의 중요성을 간결하고 명쾌하게 전달하고 싶어서였습니다. 저는 이 시의 제목을 표제로 하여 시집 《나도 누군가에게 소중한 만남이고 싶다》를 냈습니다. 감사하게도 반응이 괜찮았는데, 제 진정성을 독자들이 믿어주는 것 같아 정말 기뻤습니다. 이 시집은 지금까지 낸 열 권이 조금 넘는 시집 중에 가장 아끼는 시집이고, 수천 개가 넘는 인터넷카페에 올라 있기도 합니다. 정일남 시인은 이 시집에서 저의 시를 '…실존하는 대상을 사랑의 실체로 삼았다는 데 차이점을 갖는다. 그것은 절망과 패배와 어둠을 가져다주는 대상이 아니고 희망과 행복과 빛을 가져다주는 대상이기 때문에 독자에게 기쁨을 안겨주는 시라고 믿어진다.'라고 말해주기도 했습니다.

이 시에서도 표현했듯이 좋은 만남에는 한 치의 거짓이나 가식이 있어서는 안 됩니다. 또 부끄럽거나 떳떳지 못하거나 조건이 있어서도 아니 됩니다. 만남 그 자체가 순수하고 서로에게 의미가 되고, 힘이 되어주고, 희망이 되어주고 상대방에게 꼭 필요한 만남이 되어야 합니다.

우리는 이런 행복한 만남을 위해 자신을 낮추고 마음을 맑게 닦아서 늘 준비된 마음으로 살아야겠습니다.

기도하는 마음

▲

기도를 잊지 말라 네가 기도할 때마다, 만일 너의 기도가 성실하다면 그 곳에는 새로운 느낌과 새로운 의미가 있을 것이다 이것은 너에게 생생한 용기를 줄 것이며, 너는 기도가 곧 하나의 교육이라는 사실을 이해할 것이다
－도스토예프스키

기도하는 마음을 가지고 살라는 도스토예프스키의 말은 매우 의미 있는 말이 아닐 수 없습니다. 그렇다고 해서 모든 사람이 신자가 되어야한다는 것은 아닙니다. 종교인은 종교인으로 기도를 하고 신자가 아닌 사람들 또한 종교 예식이 아닌 나름대로의 기도는 할 수가 있는 것이기에 기도는 누구나 가능한 일입니다.

그렇다면 왜 우리는 기도를 해야 할까요?

기도는 정성입니다. 정성이 들어간 기도는 진실하고 거짓이 없습니다.

어떤 일이든 정성이 들어가면, 진실해지고 거짓이 없어집니다. 거짓이 없는 마음은 깨끗한 마음입니다.

새해가 되면 누구나 새해 소망을 위해 경건한 마음으로 머리를 숙여 기도를 드립니다. 이렇게 하는 기도에 정성이 들어있지 않다면 그런 기도를 들어줄 신은 아무 데도 없습니다. 정성은 그만큼 중요한 삶의 요소입니다.

기도를 하게 되면 새로운 에너지를 얻게 되고 생생한 용기를 얻을 수 있습니다. 기도를 통해 얻은 새로운 에너지와 생생한 용기는 일상에 있어 큰 위안을 주고 특히, 어려운 때일수록 더욱 큰 위로와 힘을 주게 되므로 사람들을 밝고 맑은 삶으로 이끌어 주게 되는 것입니다.

기도는 생활입니다.

도스토예프스키의 말을 간직하고 기도하며 산다면 그 안에서 반드시 큰 용기와 위안을 얻게 될 것입니다.

쉰세 번째 아침

위기를 극복하는 길

우리가 결코 잊어서는 안 될 하나의 사실이 있다. 즉 지금 우리가 대응하고 있는 환경이나 또는 꼼짝할 수 없는 곤란한 처지를, 우리가 모르는 다른 어떤 사람은 능히 이겨내고 있다는 점이다. 곤란은 나뿐만 아니라 다른 사람에게도 있었고, 그들은 그 곤란한 장벽 앞에 굴하지 않고 힘차게 뚫고 나갔다는 것도 기억할 필요가 있다.

—노먼 V. 피일

사람이 살다보면 피치 못할 일로 수많은 난관에 부닥치기도 하고 그로 인한 어려움 속에서 허덕일 때가 있고, 삶을 비관하며 쓸쓸한 길을 갈 때가 있습니다. 그런데 이런 상황에서 사람에 따라 각기 다른 선택을 하게 되는 것을 볼 수 있습니다. 어떤 사람은 스스로 포기를 하고 어떤 사람은 끝까지 자신을 내던져 극복하려고 안간힘을 씁니다. 똑같은 상황에서 나는 "할 수 없어."라고 말하는 그 때, 어떤 이는 담담히 그 일을 이겨나가고 있습니다.

위기는 곧 또 다른 희망입니다.

실패만을 수없이 반복했던 에디슨은 전 세계에서 최고의 발명가가 되었고, 라이트 형제도 추락 끝에 비행기를 만들어 하늘을 날았습니다. 아브라함 링컨은 끝없는 고난 속에서, 세계에서 가장 위대한 대통령으로 우뚝 섰습니다.

이들은 하나같이 거듭된 실패와 위기 속에서 투쟁하며 자신의 삶을 성공으로 이끌었다는 공통점이 있습니다. 그러므로 위기를 두려워하지 않는 사람은 그 어떤 위기도 막아낼 수 있고, 헤쳐나갈 수 있다는 것을 우리는 분명히 기억해야 합니다.

자신에게 진실하라

▶

자신에게 진실하지 못하면 상대방에게도 진실할 수 없습니다.
나의 마음에 검은 먼지가 묻어있다면 다른 사람을 깨끗하게 비춰볼 수가 없겠지요. 자신의 마음을 깨끗이 하는 것이, 자신이나 다른 사람에게 진실할 수 있는 비결입니다.
자기 자신에게 진실한 만큼, 마음의 거울은 깨끗해져 갑니다.
아름다운 삶은 스스로에게 진실할 때 이루어지는 것이지요.

진정 풍요롭기 원한다면 '무엇을 먹을까, 무엇을 입을까'를 생각하기 이전에 스스로에게 먼저 진실해야 할 것입니다.
그렇습니다.
자신에게 진실한 만큼 자신을 복되게 하고 기름진 삶으로 이끌어가는 것입니다. 진실한 마음으로 충실히 살다 보면 만족한 생활을 하게 되고 다른 사람에게도 기쁨을 주고 신뢰하는 마음을 주게 됩니다.

주변 사람들이 날, 믿어주고 그들 삶에 있어서 '이 사람은 꼭 필요한 사람'이라고 여기면 행복으로 충만한 삶을 누리게 되는 것입니다. 하지만, 반대로 사람들이 내게 오는 것을 꺼려한다면 내 양심에 더러운 것이 묻어있지는 않은지 점검해 보아야 합니다.

진실한 삶을 산다는 것이 때로는 곤혹스럽고 힘이 들지만 그러한 노력 없이 맑고 푸른 사람으로 살아갈 수는 없습니다. 풍요로운 인생을 위해 진실해져야 합니다. 진실한 사람만이 만족한 삶에서 기쁨을 누리게 됩니다.

즐거운 인생

> 인생이 짧다고 생각하는 사람은 그만큼 보람에 젖어 사는 것이고, 인생이 길다 생각하는 사람은 그만큼 사는 게 지겨운 것입니다. 인생이 즐겁고 생동감이 넘치면 시간이 빨리 지나가고, 인생이 지겹고 지루하면 시간이 천천히 지나가기 때문입니다. 그러므로 인생이 짧아서 아쉽다는 생각 속에 빠져 사는 사람이 되어야 합니다. 그럴수록 인생은 진주처럼 빛이 나는 것이니까요.
>
> — 작자 미상

누군가 그랬습니다. 행복한 사람은 시계를 보지 않는다고.

행복한 사람은 행복에 빠져, 시계를 보는 시간조차 아까워합니다. 시계를 보는 그 짧은 순간도 행복을 놓치기가 싫기 때문입니다. 그러므로 행복한 사람에게는 시간이 빨리 지나가게 되는 것이고, 불행한 사람에게는 매 시간이 지겹고 괴로워 더디 가는 것입니다.

그렇다고 보면 인생이 짧아서 아쉽다는 생각이 드는 삶을 살아야 합니다. 자신의 삶이 곧 행복하다는 반증이 되는 까닭이지요.

인생은 길다 생각하면 길고 짧다면 아주 짧습니다.

인생이 짧아서 늘 아쉽다는 마음으로 사는 사람이 되도록 매순간을 충실히 살아야 하겠습니다.

때를 기다리는 마음

> 인생은 바느질과 같이 한 땀, 한 땀 해나가야 한다.
> -생트뵈브

몇 해 전, 나는 아파트 베란다에 텃밭을 꾸며 놓고 고추를 비롯해, 방울토마토, 오이 등을 심은 적이 있습니다. 파랗게 눈을 뜬 모종을 심어 놓고 아침저녁으로 바라보는 그 기분이 얼마나 나를 들뜨게 만들었는지 모릅니다. 며칠 지나지 않아 무럭무럭 자라주길 기대했으나 생각대로 되어주질 못했습니다. 나는 수도 없이 들락거리며 모종들을 관찰했습니다. 이를 보다 못한 지인이 "다 때가 있는 거예요. 참고 기다려 보세요."라는 말로 일침을 가했습니다. 나는 그 말을 듣는 순간, 평범하고 상식적인 진리를 잊고 서두른 내 자신이 한없이 부끄러웠습니다.

  약속이나 한 것처럼 애타게 기다릴 때는 침묵하던 고추, 방울토마토, 오이 등이 어느 순간 일제히 열매를 맺기 시작했습니다. 그때의 기분이란, 더운 여름날 갈증을 해소시켜주는 이온 음료와도 같았습니다.

  '빨리, 빨리' 근성에 젖어 있는 우리나라 사람들을 두고 외국 사람들이 비난하는 기사를 본 적도 있습니다. 아무래도 우리의 이러한 것은 때를 기다리지 못해서 오는 조급함이라는 마음이 듭니다.

  "때를 기다려라, 그리고 그때를 위해 수고를 아끼지 말라."는 말은 우리나라 사람들에게 정말 필요한 말이 아닐까 싶습니다.

사색을 길러주는
수정같이 맑은 지혜

4

사색의 숲길에서

현대에는 사람들이 디지털 정보화로 인해 하루가 다르게 풍족하고 편리한 생활구조lifestyle로 살아갑니다.

> 돈 많은 사람과 내면적 사색이 충실한 사람 중에 누가
> 더 행복한가? 그 개인의 생활을 보더라도 사색이
> 충실한 쪽이 더 행복하다
> ─랠프 왈도 에머슨

요즘은 생활구조상 사색하기가 쉬운 시대는 아닌 것 같습니다.
먹는 것이나 입는 것은 말할 것도 없고 의술의 발달로 건강을 염려하는 것도 옛말이고, 은행에 가지 않고 가만히 앉아서 은행 업무를 처리할 수 있으며 백화점이나 시장에 가지 않고도 쇼핑을 할 수 있습니다. 그만큼 사색

할 거리가 없어진 게 사실입니다. 그야말로 사람이 살아가는 데 있어서 이보다 편할 수는 없을 만큼 편한 세상입니다.

그러나 편해진 만큼 사람들 마음속에 사색 대신 공허함이 날로 쌓여가는 건 아닐까요? 수많은 석학들의 지적대로 이 시대에 정신적 공황을 겪는 일이 늘어나는 것은 정말 아이러니가 아닐 수 없습니다.

오직 잘 살아보겠다는 일념으로 정신없이 일에 몰두하여, 물질은 풍요로워졌을지 모르지만 그 반면 정신적으로는 고갈되었습니다.

물질을 키우기 위해 쏟은 에너지가 정신의 피폐함으로 돌아오고 만 것입니다. 이러한 세태에 지친 사람들은 안식의 필요성을 느끼고 있습니다. 요가를 비롯한, 마음을 다스리게 하는 신종 직업이 등장하여 지친 현대인들의 갈증을 어느 만큼은 해소시켜주고 있기도 합니다.

그러나, 보다 더 근본적인 해법을 찾아야만 합니다. 그러기 위해선 우선 사색하는 힘을 길러야 합니다. 사색이야말로 정신적인 공황으로부터 벗어날 수 있는 근원적인 해법이 될 수 있습니다.

가끔 숲이 우거진 길을 걸으면 온몸과 마음이 한없이 맑아오는 경험을 하게 됩니다. 이 숲길엔 폐부 깊숙이 파고드는 신선한 풀 냄새와 코끝을 적시는 흙내 그리고 청아한 새소리와 손으로 짜보면 금방이라도 한 움큼의 푸른 물이 뚝뚝 흘러내릴 것만 같은 산바람이 있어 일상에 찌들고 지친 사람들의 칙칙하고 그늘진 마음을 깨끗이 씻어줍니다.

사색이란 이처럼 스스로의 마음을 씻어주는 역할을 합니다. 이것을 세심洗心이라고 하는데 고도의 수행을 통해 선각先覺의 길을 가는 성직자들 또한 따지고 보면 이런 깊은 사색을 하기에 가능한 일입니다.

  사람에게도 행복을 주는 것이 결코 물질은 아닙니다. 물질이 사람들에게 일시적인 마음을 충족시킬지는 몰라도 영원할 수는 없습니다. 끊임없이 자신을 돌아보며 잘한 일과 잘못되어진 일을 반성하고, 세심하는 것이야말로 진정한 행복을 찾는 길입니다. 어느 시대를 막론하고 부를 누리면서 권력을 휘둘렀던 자들의 삶이 결코 행복했다고는 말할 수 없는 이유가 여기에 있습니다.

  오히려 권력과 부로 인해 불행했음을 알 수 있습니다. 그와 반대로 진실한 삶의 깨우침을 위해 산 많은 선인先人들은 가난과 빈곤 속에서도 주눅들지 않고 청량한 삶을 살았습니다. 그리고 후세 사람들에게 존경과 경외의 대상으로 살아있습니다.

  슈바이처는 "사색하는 것을 포기하는 것은 정신적 파산선고와 같은 것이다."라고 했는데 이것은 사색이 우리 사람들에게 미치는 영향을 보여주는 단적인 예라고 하겠습니다.

  사색은 사람들의 마음을 살지게 하고 깨끗하게 합니다. 사색하는 사람은 지혜가 번뜩입니다. 사색에서 오는 지혜야말로 사람들을 인간 본연의 마음으로 돌아가게 하고, 사람이 걸어야 할 올바른 길을 걸어가게 합니다.

오늘

▸

　'오늘'이란 말은 막 피어난 꽃처럼 풋풋하고 생동감을 안겨줍니다. 마치 이른 아침 산책길에서 마시는 한 모금의 시원한 샘물 같습니다.
　누구나 아침에 눈을 뜨면 맞게 되는 오늘입니다. 오늘 할 일을 머릿속에 떠올리며 하루를 설계하는 사람의 모습은 한 송이 꽃보다 더 싱그럽습니다.
　그 사람의 가슴엔 새로운 것에 대한 기대와 열망이 있기 때문입니다. 반면에 그렇지 않은 사람들은 오늘 또한 어제와 같고 내일도 오늘과 같을 것으로 여깁니다. 그러니 새로움에 대한 아쉬움과 바람은 어디로 가고 매일매일 변화가 없습니다. 그런 사람들에게 있어서 오늘은 결코 살아있는 시간이 될 수 없습니다. 이미 지나가버린 과거의 시간처럼 쓸쓸한 여운만이 그림자처럼 붙박여 있을 뿐입니다.

'오늘'은 그 자체가 아름다운 미래로 가는 길목입니다. 그러므로 오늘이 아무리 고달프고 괴로운 일들로 발목을 잡는다 해도 그 사슬에 매여 결코 주눅이 들어서는 안 됩니다. 나를 끌고 자꾸만 멀리멀리 도망하려 해도 오히려 지혜와 용기를 모아 그 오늘을 사랑해야 합니다. 오늘을 사랑하지 않는 사람에게는 밝은 내일이란 그림의 떡 과 같고 또 그런 사람에게 오늘이란 시간은 희망의 눈길을 보내지 않습니다.

사무엘 존슨은 "짧은 인생은 시간의 낭비에 의해서 더욱 짧아진다."고도 했습니다. 오늘이라는 시간을 아끼고, 날마다 새로운 모습으로 바라보고 살라는 것입니다.

누구에게나 늘 공평하게 찾아오는 삶의 원칙이 바로, '오늘'입니다.

강이 아름다운 이유

▶

이른 새벽, 안개에 덮인 강을 보거나 노을빛에 물든 강을 보면 그 황홀함에 탄성이 절로 나옵니다.

강이 아름다운 또 하나의 이유는 한 곳에 머물지 않고 끊임없이 새로운 곳을 향해 흘러가기 때문입니다.

강물이 고여 있으면 그 강물은 썩기 마련이고 강으로서의 생명력을 상실합니다. 강이란 흐르면서 정화 작용을 하게 되고 그 정화된 물속에서 물고기들을 비롯한 각종 생물들이 숨을 쉽니다.

강은 흐르면서 많은 생명들을 태어나게 하고 또 성장케 합니다. 그래서 강이 흐르는 곳에는 반드시 새로운 변화가 일어납니다.

우리의 삶도 강이 흐르는 것과 같은 이치입니다. 언제까지나 변화할 줄 모르고 그 자리에 머무는 삶이란 호흡을 멈춘, 내일이 없는 자와 같습니다. 우리도 강처럼 끊임없이 성장해야 합니다. 그래야만 새로운 미래를 맞이할 수 있으니까요.

    동양 명언에 "매일 내 자신을 새롭게 하라. 몇 번이라도 새롭게 하라. 내 마음이 새롭지 않고서는 새로운 것을 기대하지 못한다."라는 말이 있습니다. 이 말에서 새로움이란 곧 변화를 일컫습니다.

    이상을 간직한 사람은 언제나 무언가를 꿈꾸는 삶을 살게 됩니다. 이상을 찾아가는 원천이 바로 변화입니다.

환상의 노예

▶

  살아가는 동안 사람들은 좀 더 좋은 것, 좀 더 큰 것, 좀 더 높은 자리, 그리고 다른 사람이 가지고 있지 않은 고급스러운 명품으로 자신의 위세를 나타내려는 경향이 있습니다. 그러나 이런 것에 집착하다보면 환상의 노예로 전락하기 십상입니다.
  환상의 특징은 사람의 마음을 들뜨게 하고, 자제력을 잃게 하는 한편 판단 능력을 훼손시킵니다. 뿐만 아니라 순수성을 잃게 하고, 허영에 빠지게 하여 거짓된 마음의 지배를 받게 합니다.
  커다란 점보비행기도 볼트와 너트라는 작은 부품들이 요소요소에 조립되어 자리를 잡아야만 움직이게 됩니다. 작다는 것은, 적다는 것은 흠도 아니고 무능함을 가늠하는 잣대도 아닙니다. 만약 이런 작은 부품들이 없다면 점보비행기는 결코 만들어질 수 없습니다. 그런데도 사람들은 무조건 크고 화려한 것들을 쫓는 불나방처럼 이곳저곳을 기웃거립니다. 이런 사람들의 마음은 늘 허기로 삐걱거릴 수밖에 없습니다.
 작고 보잘 것 없는 것을 소중히 여기는 사람들 마음속에는 평안과 온유함이 언제나 가득 넘쳐흐릅니다. 진정 작은 것의 소중함을 아는 까닭입니다.

 환상은 어디까지나 환상일 뿐, 꿈이 될 수는 없습니다. 환상을 꿈으로 착각한다면 이는 섶을 지고 불길로 뛰어드는 이치와 같음을 알아야 합니다.

멀리 보는 눈이 아름답다

▶

　멀리 수평선이 내려다 보이는 언덕에 서면 가슴이 시원하고 뭉클해짐을 느낍니다. 넓게 펼쳐진 바다는 보는 것만으로도 감동을 주니까요.
　멀리 보는 눈은 깊고 사색적입니다. 온순하고 평화스럽습니다. 하지만 개나 이리, 호랑이와 같은 맹수의 눈은 먹이를 찾느라 주위만을 맴돌 뿐입니다. 멀리 볼 여유가 없이 고개를 숙이고 코를 킁킁거리며 다닙니다.
　현대를 살아가는 사람들도 다를 바가 없다는 생각이 듭니다. 눈에 보이는 것만 끝없이 쫓아다니고, 물질의 탐욕에 사로잡힌 사람들의 눈을 보면 맹수의 눈에서나 볼 수 있는 광채가 보입니다. 먹거리를 찾는 것도 아닌데 말입니다. 그러한 사람들 눈에서는 좀처럼 선함을 찾아볼 수가 없습니다.
　오로지 물질의 노예로 보일 뿐 그 이상도 그 이하도 아닙니다. 물질이란 바람에 흩어지는 먼지와 같습니다. 손에 움켰다가 자신도 모르는 사이에 달아나 버리는 백사장의 모래처럼…….

　사람들이 멀리 내다보지 못하고 물질의 금고에만 눈을 고정시킨다면 정신적 빈곤에서 오는 심리적 황폐함은 피하기 어렵습니다. 따라서 적절히 자신으로부터 물질의 금고와의 거리를 유지하는 것이 좋습니다.
　그렇게 될 때 자신을 평화로운 삶으로 이끌게 되어 삶을 보다 더 가치 있고 행복하게 살아갈 수 있답니다.

인간을 이해하는 방법

▶

인간을 이해하는 방법은 단 한 가지밖에 없다. 그들을 판단함에 있어서 결코 서둘러서는 안 된다는 것이 바로 그것이다.

-생트뵈브

이 말은 사람이 사람을 이해함에 있어 속단은 금물임을 엄중히 경고하는 말입니다. 바꿔 말하자면 사람을 판단하는 데 있어 여유 있는 마음으로 꾸준히 지켜보고 난 뒤에 그 사람이 어떤 사람인지에 대해 판단하라는 것입니다.

사람들이 무슨 일을 하는데 있어-그것이 인간관계라든지, 아니면 일에 있어서든지-일이 잘 되고 못 되는 것은 일을 서두르는 데에서 영향을 받게 되는 경우가 많습니다. 서두르는 것은 그만큼 실수할 확률을 배제할 수 없습니다. 차분히 계획을 세워서 일을 진행시키게 되면 성공할 확률 또한 많아집니다. 하물며 사람이 사람을 이해하는 데 있어 오랜 관찰 없이 속단해서 혹은, 남의 말만 듣고 그 사람을 일방적으로, 판단하는 것은 어리석은 일입니다.

특히, 겉모습만을 보고 판단하는 경우가 있는데, 외모로는 그 사람의 내면의 됨됨이를 도저히 알 수 없습니다. 그러므로 사람을 이해하는 데에는 시간을 두고 세심하게 살피는 배려가 있어야 상대방에 대한 오해를 막을 수 있습니다.

꽃과 잡초

꽃은 싱싱하게 향기를 뿜어낼 때 아름다움을 자아내게 됩니다. 꽃이 썩고 향기가 사라져 버리면 그 꽃은 더 이상 꽃이 아닙니다. 들에 아무렇게나 웃자란 잡초만도 못하게 됩니다. 그런 꽃들이 산더미처럼 쌓여 있다 한들 무슨 소용이 있겠습니까. 오히려 들판만 어수선한 난장판으로 바뀔 것입니다.

우리들도 다를 바가 없습니다. 꽃에게 향기가 있다면 사람들에게는 인격이 있습니다. 사람에게 있어 인격은 꽃의 향기처럼 아주 중요한 것입니다. 아무리 많은 재물과 권력을 가진 사람도 인격이 없게 되면, 그 어떤 사람도 그를 존중하거나 부러워하지 않습니다.

물론 그 앞에서야 "네, 네." 하며 온갖 아부를 떨겠지만 돌아서면 언제 그랬느냐는 식의 태도로 돌변할 것은 불을 보듯 빤한 일입니다.

사람이 꽃의 향기와도 같은 인격을 기르기 위해서는 끊임없이 자신을 탐구하고 연마해야 합니다. 풍부한 독서로 지식을 기르고 마음을 다스려 성품을 맑고 곱게 하는 것은 물론 언행에 각별히 유의해야 합니다. 꽃에 향기가 있으면 사람을 비롯해 온갖 벌과 나비들이 모여들어 꽃을 환대합니다.

　마찬가지로 인격이 있는 사람은 지위와 부가 없어도 사람들로부터 존경을 받고 찬사를 받습니다. 인격은 사람에게 있어 인생을 풍요롭게 하는 진한 향기와도 같습니다.

　그러므로 우리는 향기 가득한 사람이 되어야 합니다.

작은 것을 사랑하기

들길을 걷다가 가던 길을 멈추고 살며시 귀를 기울이면 두런두런 어디선가 이야기하는 소리가 들려오는 것 같습니다. 누구나 한 번쯤은 그런 경험을 했을 것입니다.

가만히 귀를 세우고 소리를 쫓아가면 저만치에서 민들레가 꼿꼿이 머리를 세우고 나를 바라보고 있습니다. 무겁기만 했던 발길을 잠시 옮겨 그 옆에 쪼그리고 앉아 있노라면, 마치 오랜 친구와 마주하고 있는 듯이 평온해짐을 느낄 수 있습니다. 민들레를 쓰다듬으며 반가움을 표현하는 나를 향해 민들레 역시 더욱 반가운 듯 다정한 얼굴을 합니다.

들길이 쓸쓸하지 않은 것은 민들레와 같은 작고 보잘 것 없는 이름 모를 꽃들과 들풀이 자라나 자신들의 자리를 채우고 있기 때문입니다.

묵묵히 작은 것에 충실한 사람은 큰일에도 충실할 수가 있습니다. 하지만 작은 일에 충실하지 못한 사람은 큰일에는 더더욱 충실할 수가 없습니다.

작다는 것은 부족하다는 것이 아닙니다. 단지 평균에 비해 크기가 떨어진다는 것뿐입니다. 보잘 것 없다는 것은 형편없다는 게 아닙니다. 화려하고 멋있는 것보다 다소 떨어진다는 것뿐.

그럼에도 불구하고 사람들은 작고 보잘 것 없는 것에는 아예 관심조차 두지 않으려 합니다. 대의大義를 그르치는 사람들의 가장 큰 실수인데도 말입니다. 무슨 일이든 애당초 큰 것으로부터 시작되는 것은 아무것도 없습니다.

시작은 미약하지만 공을 어떻게 들이냐에 따라 크게 번창할 수도 있고, 그렇지 않을 수도 있습니다. 작고 보잘 것 없는 것에 애착을 가질 때 가슴에 뜨거운 감사가 일렁입니다. 모두를 따뜻하게 바라보게 되고 진솔한 마음을 보여주게 됩니다. 꾸밈없는 진실이 여기서 시작되는 것인지 모릅니다.

부드러운 것이 진정 강하다

> 단단한 돌이나 쇠는 높은 데서 떨어지면 깨지기 쉽다. 그러나 물은 아무리 높은 곳에서 떨어져도 깨지지 않는다. 물은 모든 것에 대해서 부드럽고 연한 까닭이다.
>
> —노자

  사람들은 살아가면서 많은 다른 사람들을 만나고, 많은 일을 겪게 됩니다. 사람들의 삶이란 끊임없이 만나고 헤어지는 연속의 삶입니다. 그 만남이 끊어짐과 동시에 사람들의 삶도 종말을 갖게 되는 것입니다. 따라서 사람들은 날마다의 만남을 통해 삶을 이어가고 있는 것입니다.

  만남 속에는 수많은 일들이 있습니다. 성격이 다르고 사는 환경이 다른 사람들과의 만남 속에서 불협화음도 따르기 마련입니다. 그것을 조율하지 못하면 다툼과 오해가 생기게 되고 그 다툼으로 인해 서로에게 상처를 입히게 됩니다.

이러한 상처를 지속적으로 주고받게 되면 피해 의식이 쌓일 수밖에 없습니다. 피해 의식이 쌓이면 불신을 하게 되고 불신하다 보면 인정이 메마른 황폐한 사회가 되는 것은 순식간의 일입니다. 황폐한 사회에서 사는 것처럼 쓸쓸한 일은 없으리라 봅니다. 사람들의 마음은 무쇠와 같이 단단하게 될 것이고, 단단한 무쇠와 같은 사람들이 충돌하여 사회를 혼란스럽게 만드는 것은 불을 보듯 빤한 일입니다. 어디 그뿐입니까. 서로를 질시하고 원망하여 삶을 건조하게 만들어 버릴 것입니다.

누구도 이런 삶은 원하던 바가 아닐 것입니다. 진정 바라는 사회는 따스한 인정이 강같이 흐르고, 웃음과 사랑이 함께 하는 것입니다.

사회란 더불어 살아가야 하는 커다란 공동체의 장場입니다.

이런 곳에서 자신만 알고 다른 사람을 외면한다면 사람들 사이에 냉기류가 흘러 사사건건 부딪치는 일만 생기게 될 것입니다. 그리고 차디찬 사회가 되는 불행을 겪게 되는 것입니다.

강하다는 것은 어떻게 보면 좋을 것도 같지만 사실은 그렇지가 않습니다. 참나무나 무쇠는 강한 충격을 받게 되면 부러집니다. 그러나 풀은 아무리 충격을 주어도 휘어지는 일은 있어도 부러지는 법은 없습니다. 이것이 바로 노자가 말했던 물과 같은 이치입니다.

물은 어떠한 그릇에도 담을 수가 있습니다. 세모 그릇에도 네모 그릇에도, 비뚤어진 그릇에도 모가 난 그릇에도.

하지만 근본적인 것은 변한 게 아닙니다. 형체만 그릇 모양에 따라 변했을 뿐입니다. 많은 사람들이 더불어 살아가는 데는 '부드러움의 법칙'이 절대적으로 필요한 조건입니다.

모든 것에 대해 모든 것이 되어줄 수 있는, 말하자면 물과 같은 사람들이 모여 사는 사회를 만들어가는 지혜가 그 어느 때보다도 필요한 시대에 우리가 살고 있음을 명심해야 합니다.

길은 가까운 곳에 있다

▼

> 길은 가까운 곳에 있다. 그럼에도 불구하고 사람들은 늘 헛되이 먼 곳만을 두리번거리고 있다. 일은 해보면 쉬운 것이다. 시작조차 하지 않고 미리 어렵다고만 생각하고 있기 때문에 할 수 있는 일들을 놓쳐버리는 것이다라고.
> ―맹자

그렇습니다.

사람들은 가까운 곳에 있는 것들을 보지 못하고 멀리 있는 것만 바라보려는 경향이 있습니다. 등잔 밑이 어두운 이치입니다. 아무리 정밀하게 조립된 물품이라 할지라도 부품들이 조립되지 않았다면 완제품으로 거듭날 수 없습니다. 그러므로 매사를 어렵게 생각하고 시도조차 하지 않는 것은 자신에게 주어진 기회를 놓쳐버리는 어리석음을 드러내는 것입니다.

시도조차 하지 않는데 길이 열릴 리가 없습니다. 꾸준히 시도를 하다보면 보이지 않던 길도 보이게 되고, 생각지도 않은 새로운 큰길을 만날 수도 있게 됩니다.

예순일곱 번째 아침

최후의 날

▲

> 매일 매일이 너에게 있어서 최후의 날이라고 생각하라. 반드시 뜻밖의 오늘을 얻어 기쁨을 갖게 될 것이다.
> — 호라티우스

    이는 하루하루를 최선을 다해 후회 없이 살라는 말입니다. 열심히 사는 것처럼 아름다운 일은 없습니다.

    언젠가 땀에 흠뻑 젖어서 열심히 일하는 친구를 본 적이 있습니다. 친구는 연신 흘러내리는 땀방울을 뒷주머니에 차고 있던 수건으로 닦으면서 일에 몰두해 있었습니다. 바라보는 나의 마음에 비친 친구의 모습은 참으로 듬직했고 아주 멋져 보였습니다.

무엇이든 열심히 하는 것은 다른 사람을 감동시키는 신비한 매력이 있습니다. 열심히 일을 하면 생각지도 않았던 놀라운 결과를 얻을 수가 있습니다. 노력한다는 것은 좋은 일이며 모두에게 귀감이 될 만합니다.
　"비록 내일 세계의 종말이 온다 할지라도 나는 오늘 한 그루의 사과나무를 심겠다."라는 스피노자의 말 또한 의미심장한 말이 아닐 수 없습니다. 이러한 삶의 자세를 갖는 것은 후회 없는 삶을 살게 되는 근본이 됩니다.
　대부분의 사람들은 일이 뜻대로 안될 때 "될 대로 되라"고 체념하듯 말하는 버릇이 있습니다. 이것은 우리 모두가 경계해야 할 말입니다.
　최선을 다하는 사람, 그런 사람의 눈에는 언제나 희망의 빛이 빤짝입니다. 우리는 '매일 주어진 오늘을 최후의 날로 여기고 살아야한다'는 호라티우스의 말에 귀를 기울이고 사는, 지혜로운 사람이 되어야 할 것입니다.

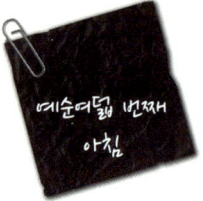
예순여덟 번째
아침

자신의 거울

대부분의 사람들은 남의 허물을 보고 비난하고 손가락질하는 데는 익숙하지만 그것을 통해 자신을 들여다 보며 거울로 삼는 이들은 보기 드뭅니다. 그것은 남의 허물은 쉽게 보면서도 자신의 허물은 달팽이처럼 자꾸 안으로 밀어 넣으려는 습성이 있기 때문입니다.

그렇습니다.

사람처럼 이기적인 동물은 없습니다. 허점이 많은 사람일수록 자신의 허물을 감추려고만 합니다. 허점을 보이면 자신에게 손해가 따른다고 생각하기 때문입니다. 이런 사람들은 자신의 허물을 드러내지 않게 하기 위해 남의 허물을 지적하고 드러내는 것으로 끝내는 것이 아닌, 비난을 하고 손가락질하는 것을 마다하지 않습니다.

그러나 지혜로운 사람은 자신의 허물을 감추지 않습니다. 남의 허물을 보고 자신의 거울로 삼으며 자신의 허물을 고치려고 애를 씁니다.

진실로, 바른 몸과 마음가짐을 위해서라면 달팽이처럼 자신의 허물을 감추려는 어리석은 사람이 되지 말고, 남의 허물을 통해 자신의 거울로 삼는 지혜로운 사람이 되어야 하겠습니다.

가장 무서운 인간의 적

▸

자신에게 관대한 사람은 발전할 수 없습니다. 자신의 잘못된 습관, 잘못 길들여진 타성으로 인해 마음의 눈을 흐리게 하기 때문입니다 자신의 잘못된 습관과 잘못 길들여진 타성을 버리는 것만이 마음의 눈을 밝게 할 수 있습니다 마음의 눈이 밝으면 이치에 밝고, 삶을 깊이 있게 들여다보는 안목이 길러집니다. 가장 무서운 인간의 적은 자신에게 끊임없이 관대한 것입니다.

사람처럼 자신에 대해 관대한 동물은 없습니다.

자신이 실수한 일에 대해서는 한없이 너그럽지만 다른 사람이 자신에게 한 실수에 대해서는 용납을 하지 않으려고 합니다. 이율배반적인 일이 아닐 수 없습니다. 자신의 잘못에 대해 인정하고 잘못된 습관에 대해 반성하는 자세가 필요한데 그렇지 못한 까닭은 타성에 젖어 자신의 마음의 눈이 흐려진 까닭입니다.

자신의 실수에 대해서는 냉정한 마음으로 반성해야 합니다. 그렇지 않는다면 불행한 삶을 살 수밖에 없습니다. 자신에게 관대한 것, 이것이야말로 인간에게 있어 '가장 무서운 적'인 것입니다.

사람의 근본

▼

사람의 근본은 믿음에서 왔고 그 믿음이 깨어지는 순간에 죄의 역사는 시작되었습니다 죄는 결국 믿음을 깨뜨리는 일에서 시작되었기에 믿음을 회복하는 것만이 죄에서 멀어지는 일이 될 것입니다 믿음은 서로의 마음을 화평케 하고 열린 마음으로 세상을 바라보게 합니다.

보이지 않는 것도 믿음의 눈으로 바라볼 때는 보이는 것입니다 따라서 믿음은 사람의 근본이 되며 사람을 평안케 하고 사람의 길을 걸어가게 하는 원동력이 됩니다.

사람들 사이에서 믿음이란 참으로 중요한 것입니다.

신뢰하는 마음이야말로 세상을 밝고 맑게 하는 근본이 되는 까닭입니다. 사람과 사람 사이에서 서로에 대한 믿음이 없다면 이웃과 사회는 싸늘한 냉기가 감돌아서 사는 게 즐겁기는커녕 하루하루가 힘겹고 불행하다는 생각을 떨쳐 버릴 수가 없게 될 것입니다.

믿음이 함께 할 때는 즐겁고 편안한 삶이 전개되지만 그 믿음이 깨어졌을 때는 불행과 혼란이 가중되어 삶이 피폐해지고 맙니다. 마치 죄악처럼 삶의 질서를 파괴시켜버리는 것입니다.

믿음이란 소중하고 아름다운 언어입니다. 이처럼 소중하고 아름다운 언어를 근본으로 하는 생활의 자세를 갖는다면 우리는 보다 나은 삶을 살게 될 것입니다.

사물을 보는 눈

▶

사물을 바라볼 때는 따스한 눈길로 보아야 합니다.

사물 하나하나에 애정을 가지고 대하게 되면 모든 것을 존귀하게 여기는 마음이 길러집니다. 하지만 사물을 하찮은 눈길로 바라보면 모든 것을 하찮게 여기는 마음이 길러집니다.

이렇듯 관점에 따라 우리 마음속에 와 닿는 감정은 지극히 상대적으로 나타나게 됩니다. '나'도 따라 변할 만큼 관점의 영향은 큽니다.

사람은 사물을 어떻게 바라보느냐에 따라 삶에 대한 관점과 인생관이 변할 수도 있습니다. 사물을 대할 때 하찮은 눈길로 바라보거나 대수롭지 않게 여기는 사람은 다른 사람을 대할 때도 진지하지 못하고 대충대충 넘어가려는 습성을 보이게 됩니다. 상대방에게 신뢰를 주지 못하게 되는 것은 두말할 나위가 없습니다. '뭐든지 얼렁뚱땅이라니까. 저 사람은 신중성이 없어. 그래서는 안 되지'라는 생각을 심어주고 마는 것이지요.

하지만 사물 하나에도 신중한 눈으로 바라보는 습성을 가지고 애정으로 대하면 그 마음속에는 모든 것을 존귀하게 여기는 따스한 마음이 길러집니다.

그러한 마음으로 사람과의 관계를 맺게 되면 상대방에게 믿음을 주게 되는 것은 물론 세상도 아름다워집니다. 이 애정의 마음을 지닌 관점을, 사랑이라 부릅니다.

당신이 위대한 이유

　인간만큼 위대한 가치가 있는 존재도 없습니다 창의성과 예지력, 풍부한 감성과 이성, 사물을 응시하는 투시력, 그러나 무엇보다도 인간이 위대한 것은 서로를 사랑하고 삶의 조화를 이루는 것에 있습니다
　인간은 최고의 고등동물이지요. 뿐만 아니라 창의력과 풍부한 감성 그리고 이성으로 무장한 존재입니다.
　다른 동물에게서는 전혀 찾아볼 수 없는, 우리 인간들만이 지닌 고유한 영역이자 축복이 아닐 수 없습니다. 그러나 이러한 조건들이 인간을 위대하게 하는 것은 아닙니다. 인간을 위대하게 하는 것은 삶을 조화롭게 가꾸고 이루는 것에 있습니다.
　삶을 조화롭게 가꾸고 세상을 풍요롭게 하는 것은 우리 인간만이 할 수 있는 일이자 은총입니다. 보다 더 나은 미래를 위해 그리고 알차고 보람 있는 삶을 위해 우리는 서로에게 깊은 관심을 갖도록 해야 합니다. 그래야만

누구나 행복할 수 있는 사랑으로의 초대가 이루어져 조화로운 세상을 만들 수 있을 테니까요.

일흔세 번째 아침

말을 아낄 줄 아는 사람

> 사람의 입에서 나오는 말은 나뭇잎과 같다. 나뭇잎이 무성하면 오히려 과실이 적고, 나뭇잎이 적당히 있게 되면 과실이 많다.
> —피타고라스

그렇습니다.

잎이 무성하면 나무뿌리에서 공급되는 영양분이 그 많은 잎들에게 골고루 공급되어야 하기 때문에 그만큼 과실이 부실해질 수밖에 없습니다. 그러나 나뭇잎이 적당히 있게 되면 과실은 풍성해집니다.

사람들이 내뱉는 말 또한 다를 바가 없습니다. 말이 너무 많다 보면 바른 말도 있겠지만 상대적으로 불필요한 말이 많아지게 됩니다. 말을 하기에 앞서 신중히 생각함으로써 신뢰성을 쌓아야 하는 이유가 여기에 있습니다.

침묵은 때에 따라 금보다 귀하고 그 어떤 철학적 논리보다도 우선합니다. 말을 아낄 줄 아는 사람, 우리는 그런 사람이 되어야 합니다.

　요즘 우리 사회의 현실을 돌아보면, 말잔치로 홍수를 이루고 있습니다. 그 중에서 자신이 한 말을 시간과 장소에 따라 또는 상황에 따라 시시때때로 바꾸는 말은 대단히 위험한 발상이며 무책임한 행동이 아닐 수 없습니다.
　말이란 입에서 한 번 나오면 다시 주워 담을 수가 없으므로 무슨 말을 하고자 할 때는 몇 번이고 거듭거듭 생각을 해 본 후, 그래도 괜찮다고 느낄 때 바로 그때 해야 합니다.
　'돌다리도 두드려보고 건너라'라는 속담처럼 말을 할 땐 신중해야합니다. 말에는 말을 하는 사람의 인격이 배어 있어 그 사람의 학식과 양식을 엿볼 수 있는 거울이라는 것을 잠시도 잊어서는 안 될 것입니다.

사람의 마음과 대리석

사람의 마음은 대리석과 같습니다. 대리석은 정으로 쪼아 다듬어서 갖가지 모양을 지닌 작품을 만들어낼 수가 있습니다. 그런 작품을 만들어내는 석공의 손은 참으로 존귀해 보입니다.

투박한 손으로 그처럼 아름답고 정교한 작품을 만들어 내다니 말입니다. 마찬가지로 사람들의 마음 역시 대리석과 같은 존재인 까닭에 스스로가 자신만의 개성을 지닌 인격을 만들어 내야 합니다. 석공이 어떤 구상을 하고, 어떤 도구로 작업을 하느냐에 따라 작품의 정교함이나 모양에서 차이가 나듯 어떻게 자신의 성품을 연마하느냐에 따라 사람의 인격은 여러 모습으로 드러나게 됩니다.

사람의 마음은 그 깊이가 하해河海와 같아서 아무리 들여다 보아도 도무지 알 수 없는 수수께끼와 같습니다. '열 길 물속 깊이는 알아도 한 길도 되지 않는 사람의 속은 알 수가 없다.'는 말은 괜한 말이 아닌 듯싶습니다.

하지만 이런 수수께끼와 같은 마음도 연마를 어떻게 하느냐에 따라 인격과 도량을 지닌 마음으로 만들 수도 있고, 비인격적이고 막돼먹은 마음으로 만들 수가 있습니다. 사람의 마음은 대리석과 같은 것입니다. 그 어떤 울퉁불퉁한 대리석도 석공이 어떻게 갈고 닦느냐에 따라서 전혀 새로운 모습으로 세상에 드러나게 됩니다. 그러면 우리는 그것을 두고 더 이상 대리석이라고 부르지 않습니다. 굳이 이름까지 지어주며 작품에게 생명을 부여합니다.

이 순간, 대리석은 돌에서 작품으로 거듭나는 전환점을 맞이하게 됩니다. 마찬가지로 우리의 마음도 자신이 어떻게 수양하느냐에 따라 인격과 덕망을 갖출 수 있게 되는 것입니다.

E. 스펜서도 "인간은 석재石材이다. 그것을 가지고 신神의 자태로 조각하든가, 악마의 모양으로 새기든가, 그것은 각인各人의 마음먹기에 달려있다."고 했습니다.

그렇습니다. 누구에게나 믿음을 주고 사랑을 받고 "그 사람 괜찮아."라는 말을 들을 수 있도록 우리의 마음을 열심히 갈고닦아야 하겠습니다.

작가의 말

귀중한 오늘을 살고
밝은 미래에 꿈이 돼라

"행복에는 여러 가지가 있다. 돈에서 오는 행복, 지위나 명예에서 오는 행복, 일에서 오는 행복 그러나 이러한 것만으로는 행복은 오래가지 못한다. 이성의 빛깔로 조화된 것이라야 한다. 이성의 빛으로 얻은 행복은 무엇보다도 귀중하다. 이런 행복은 다이아몬드처럼 변하지 않는다."

스피노자의 말입니다.

그렇습니다. 돈은 있다가 사라지는 순간 불행을 안겨주고, 지위 또한 사라지는 순간 불행을 몰고 옵니다. 명예 또한 사라지는 순간 불행을 가져다 줍니다. 하지만 진정한 행복은 스피노자의 말에서 보듯 이성을 통해서만 발견할 수 있습니다. 이성을 통해 발견되어진 행복은 쉽게 사라지지 않습니다. 이성은 마음의 중심을 튼튼하게 받쳐줌으로써 그 어떤 시련과 역경에도 굴하지 않는 강인한 의지를 길러주기 때문입니다.

그런데 현대인들은 이런 평범한 진실을 잊고 살아갑니다.

오로지 경제적 풍요로움과 생활의 편리함을 쫓아 하루하루를 숨가쁘게 살아가고 있습니다. 그러다 보니 많은 현대인들이 경쟁에 휘둘려 삶의 본질을 잃고 정체성의 혼돈 속에서 방황하고 있습니다. 이 모두는 시시각각 급변하는 상황에서 파생되어진 삶의 모순이 낳은 결과입니다. 따라서 이럴 때일수록 뒤틀려진 삶의 본질을 회복하고 흔들리는 정체성을 되찾는 노력이 필요합니다.

 이 책에는 지혜로운 성현들의 목소리가 담긴 글을 비롯하여 맑게 정화된 언어로 빚은 시도 들어 있고, 사상과 철학적 사유가 담긴 글도 들어있어 삶의 참된 본질이 무엇인가를 명쾌하게 제시해줄 것으로 믿습니다.
 공자는 말하기를 "등에 무거운 짐을 짊어지고 먼 길을 가는 것이 인생이다. 그러기에 우리는 인생을 급하게 서두르지 말고 천천히 가야 한다."라고 했습니다.
 또한 바쁠수록 돌아가라는 말이 있습니다.

아무리 현실이 급물살처럼 우리를 내몬다고 해도 자신만의 삶의 징검다리를 놓아 급변하는 삶에 흔들리는 일이 없어야 합니다.

그렇게 될 때 뒤틀려진 삶의 본질과 혼돈스러운 정체성으로부터 자유로워짐은 물론 즐겁고 행복한 삶을 살아갈 수 있으리라 생각합니다.

이 책을 읽는 모든 분들에게 이 책은 이성의 빛이 되어 주고, 평안을 주고, 지혜를 길러주는 삶의 참 벗이 되어 주리라고 믿습니다.

이 책을 대하는 모든 분들에게 삶의 기쁨과 행복이 함께 하길 기원합니다.

2011년 9월 참 좋은 날

김옥림